経済学は人びとを幸福にできるか

宇沢弘文

Hirofumi Uzawa

東洋経済新報社

「人間のための経済学」を追究する学者・宇沢弘文——新装版に寄せて

ジャーナリスト・東京工業大学教授　池上　彰

経済学は、何のための学問か。人を幸せにするための学問ではないか。人を幸せにするためには富の創造・蓄積が必要だが、それに傾注していると、いつしか当初の目的から逸脱し、人々を不幸にすることもある。人々を幸福に少しでも近づけるために、経済学の理論は、どう構築されるべきなのか。これを生涯にわたって追究してきたのが、宇沢弘文氏です。

若い頃経済学を齧《かじ》り、いまは大学で経済学の基礎を学生に講義している私にとって、宇沢氏の学問に向き合う誠実な態度は、常に導きの星でした。

宇沢氏は、単に学問の世界に安住する人ではありません。大きな社会問題になっていた成田空港の建設問題では、一九九三年、他の学者と共に火中の栗を拾い、空港建設推進派と反対派の間に入って、合意形成を目指したのです。この勇気（男気？）には、大変感心させられました。現在の成田空港が、曲がりなりにも整備されつつあるのは、このときの取り組みがきっかけになっています。

経済学は、そして経済学者は、社会の中で、どのような役割を果たすべきなのか。そんな宇沢氏の思いが籠《こも》った著作が、新装改訂版となって世に送り出されることになりました。嬉しいことです。そこで、これを機に、宇沢氏について少々解説することにします。いわば宇沢氏入門です。

数学から経済学へ

宇沢氏は、一九二八（昭和三）年に鳥取県米子市に生まれ、一九五一年に東京大学理学部数学科を卒業しています。数学から経済学へ、という道を辿る人は案外多いのですが、宇沢氏の人生を決めたのは、マルクス学者・河上肇の『貧乏物語』を読んだからだそうです。

河上肇が問題にした「貧困」とは、「生活に必要なものを十分に享受することができず、自由で人間的な生活を営むことができないような状態」のこと（宇沢弘文『経済学の考え方』）。「現代の日本でも、このような意味での貧困がいぜんとして重要な問題であり、どのようにして、この貧困を解消することができるかということは私たちにとって切実な問題であるということは否定しえないであろう」（同書）。

宇沢氏本人は、マルクス経済学ではなく、当時日本の学界でマルクス経済学とは対立する位置にあった「近代経済学」を専攻することになるのですが、「経済学は貧しい者のためにある」という精神は、このときに身についたのでしょう。

市場原理主義と戦い、日本へ

スタンフォード大学のケネス・アロー教授に送った論文が認められ、一九五六年に研究助手として渡米し、スタンフォード大学、カリフォルニア大学で研究活動を行い、一九六四年、シカゴ大学経済学部教授に就任しました。

シカゴ大学時代には全米から優秀な大学院生を招いてワークショップを主宰し、多くの研究者を育てました。参加した大学院生のなかからはノーベル経済学賞受賞者を含む超一流の経済学者を何人も輩出しています。

シカゴ大学は、九〇人近いノーベル賞受賞者を出している一方、マンハッタン計画（原爆開発計画）やベトナム戦争で使用された枯葉剤（熱帯のジャングルを枯れさせ、反米ゲリラの隠れる場所をなくそうと計画されたが、猛毒のダイオキシンが含まれ、多くの奇形児を生み出した）の開発にも深く関わっています。

宇沢氏が在籍した一九六〇年代のシカゴ大学は（いまもそうですが）、ミルトン・フリードマン率いる新自由主義者（市場原理主義者）の牙城でした。フリードマンは、ベトナム戦争での水爆の使用計画に賛成するなど、その極端な思想に宇沢氏は嫌悪感を隠しません。宇沢氏が市場原理主義を厳しく批判し、その理論の限界を指摘するのは、このときの経験があったからです。

アメリカのベトナム戦争に深く傷つき、一九六八年に東京大学経済学部に戻った宇沢氏は、経済学部長を務め、一九八九年に退官しました。

これまで経済学の分野では、一般均衡論や最適成長理論などで卓越した業績を残しました。その功績により、一九八三年に文化功労者に選ばれ、一九九七年には文化勲章を受章しています。

社会的共通資本を提唱

宇沢氏の学者人生は、次のような道を歩みました。現代の貧困について考えさせられる書に巡り合うことで、経済学の道に進みます。アメリカで経済学の最新理論を研究しますが、猛威を振るいつつあったフリードマン流の市場原理主義に辟易《へきえき》し、折からのベトナム戦争に反対することで、アメリカを去り、日本へ戻ります。

日本に戻ってくると、自動車事故や大気汚染など人々が安心して暮らすことのできない環境にあることに気づきます。いわば「現代の日本の貧困」に向き合うのです。

そこで宇沢氏は、現代の貧困を解決するための研究を新たに開始。地球温暖化問題や成田空港建設問題に取り組みながら、環境問題の研究を通じて、「社会的共通資本」こそが大切なのだという結論に達します。

社会的共通資本が充実してこそ、人々は人間的で豊かな人生を送ることができる。現代の貧困を解決するキーワードが社会的共通資本なのです。

この本では、そんな宇沢氏の思想遍歴を自ら振り返りながら、その時々の経済学の諸課題をどう考えたらいいかを論じています。ここから、宇沢氏の肉声が聞こえてきます。

衝撃だった『自動車の社会的費用』

私が宇沢氏の名前を知ったのは、一九七四年に岩波書店から出版された『自動車の社会的費用』でした。当時、多くの国民が自動車を保有して乗り回すようになった日本で、自動車は富のシンボルでした。自動車生産が激増することで、日本経済も大きく躍進していました。

その一方で、自動車事故の件数は増え、排気ガスによる大気汚染も深刻になりつつありました。宇沢教授は、こうした自動車の台数が増えることによって発生する「社会的費用」の膨大さを指摘・告発したのです。

「自動車を所有し、運転することは、各人が自由に自らの嗜好にもとづいて選択できるという私的な次元を超えて、社会的な観点から問題とされなければならない」（同書）

自動車の社会的費用には、どんなものがあるのか。交通事故であり、公害であり、自動車を使っての犯罪の増加です。

しかし、「自動車通行にともなう社会的費用を必ら《(ママ)》ずしも内部化しないで自動車の通行が許されてきた」というのです。

「自動車通行によって、さまざまな社会的資源を使ったり、第三者に迷惑を及ぼしたりしていながら、その所有者が十分にその費用の負担をしなくてもよかったということである。そのために、他の交通手段に比較して、自動車の場合、安い価格で当事者は快適なサーヴィスを得ることができたということが、自動車がこのように普及してきたもっとも大きな要因だったのである」

自動車の通行に邪魔だからという理由で大都市では路面電車が撤去されました。「公共的交通機関としての路面電車網は、とくに低所得にとって望ましい交通手段であるだけでなく、老人、子ども、身体障害者などが自由に利用でき、この点からも実質的所得分配の安定性に寄与するところが大きい」(同書)。

自動車の通行に便利なようにしようとすることで、社会的弱者は犠牲になったのです。従来の経済学の場合、経済活動においてはコストを最小限にして最大限の利益を上げるという「コスト・ベネフィット分析」が一般的でした。この方式だと、新規の道路建設は弱者を犠牲にして進むと宇沢氏は指摘しました。

所得水準の高い地域は地代が高く、土地買収のコストも高くなります。道路予定地に指定された家の移転費用もかかります。つまり「社会的費用」が高くなります。

所得水準の高い地域ほど社会的費用は大きくなるから、新規の道路は所得水準の低い地域を通すことが経済的合理性にかなうというわけです。

「しかし、交通事故によって人命の損傷がなされ、公害現象によって市民の生活が脅かされるというような社会的費用を惹き起こしている自動車通行にかんして、このコスト・ベネフィット分析的な基準を適用しようとするのは、市民社会の重要な前提条件を否定するものである」(同書)

こうした社会的な問題に関して、現代経済学とりわけ新古典派の経済理論では分析できない。これが宇沢氏の問題提起でした。

社会的費用の内部化が必要であると主張し、自動車の社会的費用はいくらになるのか、宇沢氏はこれを試算。莫大な費用になることを指摘しました。多くの人が「自動車は富の象徴。いいもの」と考えていたときに、この問題に切り込んだのは、まさに学者としての良心でした

地球温暖化問題にも取り組む

豊かな経済を築く上で、「地球温暖化」は深刻な問題です。私たちは、産業革命以来、大量生産・大量消費によって、活発な経済活動を展開。物質的には豊かになってきました。しかし、その反面、地球環境のバランスを崩し、私たちの暮らしが脅かされる事態に立ち至っています。その典型的な問題が、地球温暖化です。

二〇一三年の夏は、日本列島各地で、異常な高温や集中豪雨の被害が続出しました。熱中症で病院に搬送される人が続出するばかりでなく、死亡する人も相次ぎました。

集中豪雨の被害も凄まじく、気象庁はたびたび「これまでに経験したことがないような大雨」に警戒を呼びかけました。豪雨被害の続出に、遂には「特別警報」という最大ランクの警報を出すことになりました。

気象庁はこれまで、大雨、地震、津波、高潮などで重大な災害の起こる恐れがあるとき

には、警報を発表して警戒を呼びかけていました。これに加えて、今後は、警報の発表基準をはるかに超える豪雨や大津波などが予想される場合、新たに「特別警報」を発表して、最大限の警戒を呼びかけます。

異常気象が相次いでいるため、とうとう警報より強い警戒を呼びかけるものができてしまったのです。

二〇一三年の夏の猛暑は、八月一二日、高知県四万十市で気温四一度を記録しました。全国でも史上最高気温です。これは六年ぶりの更新。こんなことが続いていると、今後も最高気温の更新が続きそうです。

この夏の異常事態が、地球温暖化のせいであるという科学的な証明はありません。ただ、地球温暖化が進むと、気候変動が激しくなり、異常気象が頻発するようになるという科学者の警告を裏付けるような事態でした。

地球温暖化が進むと、二〇一三年の夏は、もはや異常気象ではなくなり、よくあることになってしまう恐れがあります。恒常的な暑さに、人々は果たして耐えることができるのでしょうか。

温暖化は、まさに生命に関わる環境問題なのです。ただ、問題は、日本だけでありません。世界各地で「環境難民」が続出します。温暖化で気候条件が変化し、台風（ハリケーン、サイクロン）の襲来が増えたり、地域によっては雨がまったく降らなくなったりして、住む場所を追われる人が出ているのです。

とりわけ南アジアのバングラデシュは深刻です。一九九一年に同国を襲ったサイクロンでは、実に国土の三分の一が海面下に水没し、数百万人が住居を失い、二〇万人の死者が出ました。

戦争や飢餓による難民だけでなく、環境難民まで出てきたら、世界はどうなってしまうのでしょうか。国際関係は、一段と不安定なものになってしまうでしょう。こういうときこそ、経済学の出番です。

「大気安定化国際基金」を提唱

宇沢氏が提唱する解決策は、「大気安定化国際基金」です。これは、「炭素税」の考え方を発展させたものです。

地球温暖化は、石油や石炭などの化石燃料の大量消費が原因です。化石燃料が燃えて大気中に二酸化炭素が大量に放出され、地球をまるで毛布のようにくるみ、温室のようにしてしまって、気温を上げてしまいます。そこで、二酸化炭素の排出量を抑制する必要があります。そのために経済学者たちが考え出したのが、「炭素税」（あるいは環境税）の考え方です。

これは、二酸化炭素の排出に対して、その中に含まれている炭素の量に応じ、一トンいくらという形で炭素税を徴収しようというものです。

炭素税が導入されれば、人々は、化石燃料の消費をできるだけ少なくするように努力するでしょう。また、森林を育てたときには、大気中の二酸化炭素の減少に応じて、補助金を出すこともセットで考えます。

しかし、開発途上国では、炭素税の支払いは負担が大きくなります。そこで、炭素税は、その国の一人当たりの国民所得に比例させることが考えられます。これが「比例的炭素税」です。これを使って、「大気安定化国際基金」を創設すべきだ、というのが宇沢氏の提案です。

各国政府は、比例的炭素税の収入から育林に対する補助金を差し引き、残りの額のうちの一定割合（たとえば一〇％）を大気安定化国際基金に拠出します。

こうして集まった資金を、開発途上国に配分します。開発途上国は、受け取った配分額を、熱帯雨林の保全や農村の維持、代替エネルギーの開発など地球環境を守るために使うのです。

宇沢氏の提言は、二〇一二年になって一部ながら結実しました。環境省が、二〇一二年一〇月から「地球温暖化対策のための税」を導入したのです。

また、地球温暖化対策のため、開発途上国に経済的支援をする計画も、実施に移されつつあります。経済学には力がある。それを感じる一瞬です。

こうした活動が評価され、宇沢氏は、二〇〇九年、地球環境問題解決に著しい貢献をした個人・団体に贈られる世界最大規模の国際賞である「ブループラネット賞」を受賞しています。

成田空港問題にも取り組む

地球環境問題に熱心に取り組んだ宇沢氏は、成田空港問題にも関与することになりました。

成田空港問題とは、地元の農民が成田空港の建設に反対し、これをいわゆる過激派学生が支援し、多数の死傷者を出した事件です。

一九六六年、当時の羽田空港の発着枠が限界に達したことから、政府は、羽田空港を国内線専用の空港にして、千葉県成田市に国際空港を建設することを決定しました。

この地域は、戦前から戦後にかけて新たに入植した農民たちが、苦労に苦労を重ねて切り開いてきた農地です。そこに空港が建設されると、農地を一挙に失ってしまいます。これに怒った農民たちは、反対同盟を結成して、建設に反対します。

これに対し、当時の政府は力で押し切ろうとしたため、機動隊と反対同盟が衝突する事件が頻発しました。

とりわけ一九七一年九月には、政府が機動隊員五三〇〇人を動員して反対派の排除に乗り出して、反対派五〇〇〇人と衝突。機動隊員三人が死亡し、負傷者は一五〇人を超えました。

結局、成田空港は一九七八年五月に滑走路一本だけという変則的な空港として部分開港しました。しかし、拡張工事ができないまま、多数の機動隊員が常駐し、小競り合いやテロ事件が続き、膠着状態が続きました。

この問題について、一九九一年になって、宇沢氏は、当時の運輸省（現在の国土交通省）の担当者と、反対派の人たちの双方に請われて、平和的解決の手伝いに乗り出します。

それから四年間、宇沢氏は解決策を求めて奔走。一九九三年五月、運輸省と反対同盟の間で歴史的和解が成立したのです。

これ以降、私は成田空港を利用するたびに、宇沢氏らの苦労を思い出します。

「社会的共通資本」という概念

こうした研究と活動を通じて、宇沢氏が到達した理論が、「社会的共通資本」という概念です。

社会的共通資本とは何か。宇沢氏は、次のようにまとめます。

「社会的共通資本は、一つの国ないし特定の地域に住むすべての人々が、ゆたかな経済生活を営み、すぐれた文化を展開し、人間的に魅力ある社会を持続的、安定的に維持することを可能にするような社会的装置を意味する」（宇沢弘文『社会的共通資本』）

社会的共通資本は、大気や森林、河川、土壌などの自然環境と、道路や交通機関、上下水道、電力・ガスなどの社会基盤、そして教育や医療、司法、金融資本などの制度資本から成り立ちます。

こうした社会的共通資本がうまく機能するためには、どうしたらいいか。これが最近の宇沢氏の問題意識であり、研究テーマです。

（農業にコモンズを）

たとえば日本の豊かな自然を守るためには、日本の農業を再建・維持・発展しなければなりません。これまでの日本の農政は、農業を資本主義的な産業として捉え、農業に従事する人々を経済人とみなし、効率性のみを追うという方法をとってきた。それではいけない。コモンズ（現代版入会地《いりあい》）のような共同体を農村に復活させ、人間的な営みを作り出さなければならない、というのです。

（曲がりくねった街路を）

都市も社会的共通資本として大事なものです。都市に関しては、人間的な魅力を備えたものにするため、真っ直ぐに伸びた広い道路を否定します。

何よりも歩くことを前提に都市は作られなければならない。道幅は狭く、曲がりくねっていて、ひとつひとつのブロックは短い。歩道と車道が物理的に分離されていなければならない、と提唱します。

この提案は、素敵な都市のイメージを喚起します。近代的な発展の常識を否定することから、人間的な営みは始まるのだということを痛感するのです。

（医学的に最適な医療ができる基盤を）

病気になったときに安心して医療を受けられることも、極めて大事な共通資本です。「日本の医療制度の矛盾を一言でいってしまえば、それは、医療的最適性と経営的最適性の乖離《かいり》ということ」（同書）だというのです。

「医療を経済に合わせるのではなく、経済を医療に合わせるべきである」と主張します。そのためには、「短期的にも、長期的にもいわゆる独立採算の原則は妥当しない。医学的最適性と経済的最適性とが一致するためには、その差を社会的に補填《ほてん》しなければならない」のです。

医学や医療の分野に、経済的合理主義を短絡的に導入してはいけない。という主張を、経済学を使って展開します。

クール・ヘッドにウォーム・ハート

宇沢氏は、当初は数学から学問の世界に入りました。数学は、論理だけで成り立つ学問です。そこでは論理の美しさだけが問われます。

しかし、人間社会は、論理の美しさで解決できるものではありません。論理的でない、さまざまな矛盾を見つけ、それを解きほぐし、人間の生の営みにふさわしいように構成し直す論理を発見しなければなりません。

宇沢氏の知的探求の軌跡をたどると、結局は、経済学の道に入るきっかけになった『貧乏物語』の問題意識に戻ってきたのだなと感じます。貧困に怒り、貧困を解決しようとする。そこには論理が必要です。

経済学者に必要なのは「クール・ヘッドにウォーム・ハート」（冷静な頭脳と温かい心）とよく言われます。宇沢氏は、まさにそんな経済学者なのです。

この本は、二〇〇三年に発行されたものに、その後の講演録を追加した新装改訂版です。宇沢氏がさまざまな機会に執筆したり講演したりした内容がまとめられています。宇沢氏の人となりがよくわかります。と同時に、宇沢氏が、実に広い範囲の問題に強い関心と正義感を持っているかがわかります。

いまも古びていない内容を、いまこそ多くの人に読んでもらいたい。東洋経済新報社の編集者の熱意によって、再び世に送り出されることになりました。

格差が拡大し、さまざまな社会問題が深刻になっている日本社会を見るにつけ、宇沢氏のような学者がもっともっと必要とされていると思います。

二〇一一年三月に起きた東日本大震災によって惹起《じゃっき》された原子力発電所の事故では、大勢の人々が故郷を追われました。事故は収束する気配がなく、大量の汚染水が海に流出しています。大気を、土壌を、海を汚し続ける放射性物質。

その一方で、日本政府は原子力発電所を世界に売り込むという経済活動を再開しました。

宇沢氏だったら、この現状をどう見るのでしょうか。

折に触れ、さまざまな問題に直面すると、私は、「宇沢氏だったら、どう考えるのだろう」と思ってしまいます。

しかし、こうした現実は、宇沢氏に考えてもらうのではなく、宇沢氏から学んだ私たちが、考えていかなければならない問題なのです。この本には、そのためのヒントが詰まっています。

二〇一三年九月

◎目次

装丁／重原　隆

今から五十年前、私は数学から経済学に移った。その直接的なきっかけは、河上肇《はじめ》の『貧乏物語』を読んで、大きな感動を覚えたからであった。とくに、序文で、河上肇がジョン・ラスキンの有名な言葉を引いて、経済学の本質を説いたが、その言葉は、当時の私の心情にぴったり適合した。

"There is no wealth, but life."

若いころお寺で修行したことのある私は、この言葉を「富を求めるのは道を聞くためである」と訳して、経済学を学ぶときの基本的姿勢をあらわすものと大切にしていた。しかし、初めは、マルクス経済学を生半可に勉強し、そのあと、近代経済学に没入してしまった。とくにアメリカの大学で教えるようになってから、ジョン・ラスキンの言葉はすっかり忘れてしまった。

ヴェトナム反戦運動に深く関わって、長いアメリカの大学での生活を打ち切って、日本に帰ってきたとき、ジョン・ラスキンの言葉がふたたび私の心に蘇ってきた。そして、初心に返って、人間の心を大切にする経済学を勉強し直す決意を新たにした。それまで経済学と直接関係がないと思っていた学問分野の書物や論文を貪るように読むと同時に、当時猛威をふるっていた公害、環境破壊の批判、反対運動に全力をあげて取り組むことになった。その過程で、数多くの魅力的な人々を知り、多くのことを学ぶことができた。そのおかげで、社会的共通資本の概念を中心に据えて、人間の心を大切にする経済学の構築、その制度的、政策的分析を積極的に展開することができた。しかし、この営為はまだ進行中であって、その完成はまだほど遠い。

本書は、この営為の過程で発表してきた人間の心を大切にする経済学の基本的考え方を明らかにするような論攷《ろんこう》、エッセイ、書評をいくつか選んで、収録したものである。苦難の二十一世紀を生きるために、何らかの助けになることができれば、私にとって望外の喜びである。

宇沢弘文

第1部

市場原理主義の末路

第1章

社会的共通資本は市場原理主義では守れない

ハーヴェイのネオリベラリズム論

過日、依頼を受け、講演をお引き受けしました。「社会的共通資本と市場原理主義」というタイトルですが、この市場原理主義というのは、英語でマーケット・ファンダメンタリズム（Market Fundamentalism）という言葉に相当するわけです。普通はネオリベラリズムという表現が使われています。

デヴィッド・ハーヴェイという方が二〇〇五年に *A Brief History of Neoliberalism*（邦訳は

渡辺治監訳『新自由主義――その歴史的展開と現在』）という本をオックスフォード大学から出しています。そこで、歴史的、政治的、思想的、全体のバランスをとりながら、ネオリベラリズムがどういう役割を果たしたかを、広い観点から見事に描写しています。

この方は、ケンブリッジ大学のエコノミック・ジオグラフィー、即ち経済地理の教授です。経済地理というと、アペンディクス的（付加的）な役割しか果たさないという印象をおもちかと思いますが、ケンブリッジ大学、オックスフォード大学では、エコノミック・ジオグラフィーの教授は最高のポストです。

イギリスは世界に植民地をもっていた。その植民地すべてについて、歴史、文化、経済社会あらゆる面を全体として分析して、大英帝国のいわば基本的な政策理念をつくることを学問的な領域としてやってきたという意味で、それは最高のポストなのです。

とくにハーヴェイさんの本は、全体として文章もすばらしいし、一つ一つ心のこもった叙述がされています。ぜひお読みになってください。

私がこれからお話しするのは、ずっとスケールの小さな、経済学の、そのまたごく一部の、私自身が直接かかわりをもってきたものに一応限定します。ネオリベラリズム、経済学の次元では市場原理主義がどういうもので、どういう役割を果たしてきたかということについてお話ししたい。じつは、今日のタイトルにある社会的共通資本の考え方は、もともと市場原理主義の考え方に対する批判、あるいはオルタナティブ（代案）と考えるのが出発点だったわけです。

なかなか整理されないので、話が前後すると思いますが、ご容赦ください。私は一九四五年、昭和二十年に旧制一高に入りました。東京大空襲が何度もあって、実際に入学したのは六月から八月にかけてでした。一高は当時、全寮制で、寮委員会が入寮からすべてを取り仕切っていました。そこに風紀点検委員会というのがあって、寮委員会の規則に違反すると退寮処分、退寮処分になると自動的に退学、というリベラルな、しかし厳しい制度だったのです。

リバティーはフリーダムではない

軍がそのリベラルな制度を批判して、文部省に一高の廃校を命じたことがあります。私が一高に入る半年ぐらい前でした。すでに師団司令部が一高の本館を使い、私たちは裏のほうの講堂で講義を受けました。正門に入るときも衛兵が立っていて、厳しい雰囲気でした。

安倍能成《よししげ》という方が校長先生でした。哲学がご専門の、すばらしい、リベラルな考え方を代表する、戦前もっとも優れた哲学者の一人でした。その安倍先生の片腕として苦労されたのが木村健康《たけやす》先生です。

木村先生は河合栄治郎の門下でした。河合栄治郎が軍を批判したとして起訴され、休職になる。そのとき木村先生は東大の助手をされていましたが、先生に殉じて辞められました。そして特別弁護人として、法廷で河合栄治郎を弁護されたのです。

その後、一高の教授になられたのですが、このとき木村先生が（寮制度への）軍の批判に応えて、次のような案を考え出されました。当時、寮は四つありましたが、各寮に教授が一人ずつ寮監として住み込んで、あたかも教授会が寮を管理しているという印象にしたのです。これで、一高は廃校を免れました。私が一高に入ったのはその直後です。

ところが、軍は木村先生をずいぶん長いこと憲兵隊に拘置しました。木村先生は福岡の旧制修猷館《しゅうゆうかん》中学の卒業で、高校はたしか福岡高校だったと記憶しています。木村先生が憲兵隊から釈放されて帰ってこられたとき、私の友人に修猷館の卒業生がいて、何人かでお迎えに行きました。スリムな先生でしたが、憲兵隊に捕まって、たぶん拷問に遭ったんだろうと思いますが、体がぶくぶくになり、一生、重いうつ病にかかってしまわれました。

私の今住んでいるうちは近くで、駅に行くのに一高、今は東大の駒場キャンパスになっていますが、そのイチョウ並木を通ります。そのたびに、もう六十五年になりますか、木村先生が青い顔をして歩いていらした姿が今でも目に浮かびます。

木村先生のご専門はイギリスの経済思想史、とくにジョン・スチュアート・ミルを専門とされていました。私は一高で理乙だったのでドイツ語が主でしたが、英語のテキストはジョン・スチュアート・ミルの *On Liberty* でした。

その冒頭で、ここに言うリバティーはフリーダムではない、無制限の自由ではない。他の人々の自由を侵さない限りにおいて自由はある、と、いわば社会的自由なのだということが強調されていたのが、今でも鮮明に記憶に残っています。

リベラルとは何かということは、長いこと私の心にかかってきました。日本ではリベラルもフリーダムも同じ「自由」と訳しています。さっきのハーヴェイさんの本（*A Brief History of Neoliberalism*）も新自由主義です。「自由主義」を英語にすると、どちらかというとリバタリアニズム（Libertarianism）というんでしょうか、自由を最高のものとする考え方です。

リベラリズムというときには、人間が人間らしく生きて、魂の自立を守り、市民的な権利を充分に享受できるような世界を求めて、学問的営為なり、社会的、政治的な運動に携わることを本来、意味します。そのときにいちばん大事なのは人間の心です。

ただ、私はその点で長いこと悩んでいましたが、数年前に、それまで発表した論考や講演を、東洋経済新報社で整理して、『経済学と人間の心』というタイトルの本にまとめて出版していただきました（『経済学と人間の心』は本書の底本）。

社会的共通資本としての教育

先ほどの安倍先生はリベラルな方で、こういうエピソードがあります。お話ししたように戦時中、一高の本館は師団司令部が使っていて、私たちは圧迫感、恐怖感もあったのですが、敗戦になってそれから解放された。私はあと一年戦争が続いたら兵隊にとられる年齢だったので、とくに解放感が強かったのです。

ところが八月三十一日、マッカーサーが厚木に降り立って、それから過酷な日本占領が始まりました。目ぼしい建物はみな接収して、占領のために使うという。とくに一高は師団司令部が使っていましたから、九月の中旬ごろ、占領軍の、進駐軍と言うんですか、その将校たちが一高を接収に来たことがあります。

そのときに安倍先生が応対されて、こう言われたんです。「一高はリベラル・アーツのカレッジである」と。リベラル・アーツというのは、専門を問わないで、人類が残してきた遺産、それは芸術でも、学問でも、技術でも何でもいい。専門分野をいっさい問わないで、ただひたすら学んで、吸収して、一人ひとりの生徒の人間的な成長をはかり、同時に次の世代に伝えるところである。

そういう意味で、この一高は聖なる場所であると言われた。安倍先生は英語のお上手な方でした。セイクリッドプレイス（聖なる場所）であり、占領というバルガー（世俗的）な目的には使わせないときっぱりおっしゃった。それで占領軍の将校たちが黙って帰っていったという、当時としては珍しい事件がありました。

戦争中、近衛《このえ》文麿を中心とした敗戦処理を考えるグループがあって、安倍先生はその中心的なメンバーだったということは後になって知りました。その後、マッカーサーは東久《ひがしく》邇《に》内閣に対して、日本の政治、経済、社会すべての面での徹底的な改革を指示しました。東久邇内閣は即日総辞職して、新しく幣原《しではら》喜重郎さんが総理大臣になられた。

幣原喜重郎さんという方は、戦前の日本で最も優れた、リベラルな外交官でした。軍の行動に批判的で、とくにワシントン軍縮会議では、日本の全権として歴史的な軍縮条約に署名された。そこでたいへんな問題が起こりました。

戦前の日本では、政府と軍がまったく別のものでした。いずれも天皇がヘッドですけれども、組織としては別。政府のほうのメンバーである外務大臣の幣原喜重郎が、天皇の指揮下にある軍のことについて勝手に署名したというので、たいへんな問題になりました

（統帥権の干犯）。そして一切の公職を離れられた。マッカーサーが幣原さんを総理に指名したのは、そういういきさつがあったからではないかと思います。

それからしばらくして、マッカーサーは教育改革を最優先の事項として、本国から二十人ぐらいの大きな調査団を送ってきました。そのとき安倍先生は文部大臣になられていて、その調査団のメンバーを迎えて文部大臣としてこういうあいさつをされた。

日本が戦争中にしたいちばん悪いことは、占領した国に行って、その国の歴史とか文化、社会を無視して日本の制度を押し付けたことだ。とくに教育については害が大きい。あなた方は占領国を代表して日本の教育制度の改革に来られたけれども、日本が犯したと同じ罪を犯さないでほしいと。

そうしたら、安倍先生のその言葉に感動した団長が壇に駆け上がって握手を求め、全員が割れるような拍手をした。これも当時としては異例のエピソードです。

安倍先生は、リベラルな教育は人類共通のものであって、一つの国特有のものではないと強調された。リベラルという言葉の中にはそういったことも含まれています。ずっと後になって私は、リベラルな教育は社会的共通資本としての教育の原点と考えるようになったのですが、それは安倍先生のこの言葉が、私の心のなかにずっと残っていたからです。

教育や医療は社会にとっていちばん大事なものです。リベラルな基準に従って大事に守って、次の世代に伝えていく。リベラルなというのは、教育なら教育の専門家が専門的な判断、そして専門的な規範を守って、あるいは医療なら医療に一生を捧げて、日本の教育制度や医療制度をすばらしい形で子どもたちの世代に残す。これが社会的共通資本としての教育や医療の原点だということを改めて強調したいと思います。

デューイの教育の理念と実践

安倍先生のこのエピソードがずっと頭に残っていて、そしてリベラルな教育の意味を実感したことがあります。それは、スタンフォード大学からシカゴ大学に移ったときのことです。シカゴ大学は一八九〇年に出来た比較的新しい大学で、ジョンズ・ホプキンスと並んで最初の大学院大学でした。

そのシカゴ大学が出来たとき、二人の偉大な学者が教員として採用されました。一人はジョン・デューイ。彼は哲学者ですが、教育がもっぱらの専門で、二十世紀前半のアメリカの教育にいちばん大きな影響を与えた人です。もう一人は、ソースティン・ヴェブレンという経済学者。制度学派で知られていますが、ヴェブレンも、デューイと一緒にリベラルな大学を求めて協力するわけです。

ところがロックフェラーの怒りに触れて、後に二人とも大学を追われてしまいます。デューイはコロンビア大学へ移り、その教育学部、スクール・オブ・エデュケーションを、全米でいちばん中心的な教育学のセンターにする。一方、ヴェブレンは不遇な一生に終わりますが、アメリカの生んだ最も偉大な経済学者です。

デューイがシカゴにいたときに、ラボラトリースクールという（実験的な）付属小学校をつくりました。それは学校教育に関するデューイの理念をそのまま具体化したような学校でした。デューイの理念は三つあります。

第一の理念は、教育の目的は、狭い家庭、あるいは地域的な社会に育った子どもたちが教室という広い場で、違った環境で育ってきた子どもと一緒に遊び、学んで、社会的な存在としての一人の人間に成長するのを助けるという、社会的統合の役割。アメリカは、とくに十九世紀は移民の社会でした。その移民社会の中で人間として共通の理念、生きざまをもって生きる、それを学ぶのが学校教育だということです。

第二の理念は、子どもたちは一人ひとり違った能力をもって生まれ、育った環境も違う。みんなそれぞれ違った分野で、優れた能力をできるだけ生かす。そして全体として、社会的人間としてバランスのとれた大人に育てる。インネートな（生来の）ものを大事にして、それを育てる。

第三の理念は、どんな僻地に生まれても、どんな貧しい家庭に育っても、そのとき社会が提供できる最高の教育をすべての子どもたちが受けられるようにする。それがデューイの公的教育の理念です。この三つをジョン・デューイの三大原則と言っています。

デューイからずっと後になりますけれども、その理念をそのまま実践に移したのが福沢諭吉です。福沢諭吉の生き方自体、それから、その果たした社会的な役割を、私はいつもデューイと重ねて考えます。

私がシカゴ大学にいたとき、上の二人の子はまだ小学校の低学年で、そのラボスクールに通っていました。その後いろんな小学校を転々としたんですが、いちばんすばらしい、それこそリベラルな学校でした。

デューイの有名なスローガンに「ラーニング・バイ・ドゥーイング」があります。教育は決して教科書で教えるのではない。子どもたちが一緒に遊んだり、物を作ったり、そういう共同的な作業を通じて学んで、人間としての成長を、それぞれ個性をもって育てる。決して点をつけて比較してはいけないというのがデューイのモットーでした。

じつはデューイとヴェブレンは、それから三十年経ってニューヨークでまた一緒になって、新しい大学を作りました。ニュースクール・フォア・ソーシャル・リサーチ（New School for Social Research）で、社会科学を中心とした四年制の大学です。

その大学の特徴はカリキュラムがない。入学した学生は、それぞれアドバイザーとしての一人の教授について、自分がここで何を勉強したいか相談し、自分でカリキュラムを作って四年間、勉強する。しかし、比較したり、点をつけたりはしない。ニュースクール・フォア・ソーシャル・リサーチで学んだこと自体をアセット（財産）として人生を生きていくというスローガンを掲げた、今でも続いているユニークな大学です。

私がスタンフォード大学にいたときに、レオン・フェスティンガー（Leon Festinger）という教授の一家が二、三軒先に住んでいました。フェスティンガーの子どもたちのほうが少し年長でしたが、家族ぐるみで付き合っていました。

癒しがたい傷とシカゴでの経験

フェスティンガーは、社会心理学という新しいジャンルを戦後に切り開いた天才的な心理学者です。コグニティブ・ディソナンス（認知的不協和　Cognitive Dissonance）という、暴動を起こしたりする大衆の心理学的分析を見事に展開した人です。

ところがあるとき、スタンフォードのキャンパスから突然、消息を絶ってしまった。私がシカゴに移って、しばらくするとヴェトナム戦争が激しくなったのですが、そのときに彼は、じつはアメリカ陸軍のチーフ・サイコロジストの職務を兼ねていました。そして、彼の理論を使ってヴェトコンを徹底的に拷問にかけたりするというプログラムを、アメリカ陸軍がヴェトナムで実行に移したのです。

自分の理論を適用したということを知って、彼は、スタンフォードから消えたのです。当時、スター・プロフェッサーといえば、新しい時代を担うという感じの、心理学のフェスティンガーと言われていました。

日本に帰ってだいぶ経ってから彼から一通の手紙が来ました。ヴェトナム戦争が終わり、何年も経ってからのことです。自分はそういう苦しみからスタンフォード大学の教授を辞め、離婚して三人の子どもも捨てて、ニュースクール・フォア・ソーシャル・リサーチに大学院生として入り直した。そして、専門も文化人類学に変えて、そのままニュースクール・フォア・ソーシャル・リサーチの教授として残っているというのです。

それからしばらくして彼は亡くなったという知らせを受けとりました。ヴェトナム戦争は、そういう大きな心の傷を残しています。ヴェトナム戦争は破壊的なダメージを与えましたが、その中に、一人ひとりの人間の心に癒しがたい傷を残しました。

その頃、シカゴ大学は反戦運動の一つのメッカになっていましたけれども、ある大きな事件がありました。シカゴ大学の反戦学生が、大学のアドミニストレーション・ビルディング（本部棟）を占拠したのです。彼らが大学当局に要求したのは、成績をドラフトボード（市や郡の徴兵委員会）に送るなということでした。

ドラフトボードは、割合小さな地域の単位でしたけれども、成績の悪い順から兵隊にとったり、反戦運動をやっていることが新聞に出ると、そういう若者から先に兵隊にとって、そして過酷な戦地、ヴェトナムに送ったのです。そこで十万人近い学生が徴兵を忌避して外国に逃げていったと言われています。そういうことで、学生たちがアドミニストレーション・ビルを占拠して、大学は、ほとんど戦場という雰囲気になってしまいました。

私は、三人の若い助教授と一緒に調停にあたりました。そのときに、シカゴ大学の教授が全員、学生の成績点はつけない。大学当局は一つの行政的な組織ですから、教授から成績点が出ると、それをドラフトボードに送らなければならないが、成績点が出なければ送らなくなくても済む。ということで、ずいぶん時間をかけて交渉した結果、全学集会、つまり団交を開いて、決めることになりました。

大学当局の代表はエドワード・リーヴィという著名な法学者で、のちにフォード大統領の下で司法長官になった人です。当時、プロヴォースト（Provost）の役職にあったのですが、プロヴォーストいうのは大学のアカデミックな面での最高責任者で、教授任命の契約書には必ずプロヴォーストの署名がありました。

私が調停案を説明して、大学当局と占拠学生双方に受け入れを要請しました。占拠学生たちは直ちに、無条件に私たちの調停案を受け入れたのですが、リーヴィ教授が重い口を開いて、厳しい口調で次のように言ったのです。

「学生の成績をつけることは、あなたのシカゴ大学の教授としての雇用契約の重要な、法的拘束力をもった要件である。あなたはいまそれを破ろうとしている」

私は、心理的ショックを隠そうとして、しばらく何も発言できませんでした。生まれたばかりの赤ん坊をはじめ三人の幼な子を抱えた妻のことしか念頭になかったのです。満場、水を打ったような静寂が続きました。やがてリーヴィ教授が沈黙を破って言ったのです。

「しかし、あなたの自らの良心に賭けての行動は、教授雇用契約の法的拘束力に優先する」。

私は、このリーヴィ教授の言葉に感動しました。社会的共通資本としての大学を守るという重い責務を、私たち大学教授は背負っているのだということを強く感じたものです。

そこで、全学教授会が開かれて、私たちの調停案は圧倒的多数で承認されました。それを受けて、学生たちは本部棟の占拠を止めました。印象的だったのは、学生たちが本部棟の占拠を始めたとき、大学の本部職員はそれぞれ適当な避難場所を見つけてそこで仕事をし、学生たちもまた、建物、器具を大事に取り扱い、毎日ていねいに清掃していたことです。

そのとき、ビジネス・スクールの学生が中心となってCapitalism and Freedomというグループを組織して、ピケを張っている学生たちに棍棒などをもって、殴り込みをかけていました。これはミルトン・フリードマンがその直前に書いた『資本主義と自由』という書物の題名からとったものです。

全学教授会でちょっとした事件がありました。私が提案を説明して壇を降りたときに、待ち構えていたようにあるビジネス・スクールの教授が、いかにもチンピラ・ヤクザ風の態度で"Are you a commie?"と言ったんですね。私は頭にきて"Yes, I am a communist."と言ってしまったのです。(commie　共産主義者)

それで彼がＦＢＩに通報したのではないかという疑いをずっと持ち続けてきました。確証はありませんが、ＦＢＩが調べるときは、まず周りから固めるんですね。私の友人や学生のところに行って証言をとる。何人かから「おまえは狙われている」と注意されました。私はたまたまその年の夏からケンブリッジ大学に呼ばれていたので、アメリカを逃げ出したんです。

そして、ケンブリッジに残る予定だったのですが、いろんな事情があって家族だけ日本に疎開させて、シカゴに帰りました。私と一緒に調停作業をした若い三人の助教授は、みな大学を解雇されていて、行方知れず。もし私が有罪になると、懲役十年から十五年という見せしめの重い罪に科せられたかも知れません。

シカゴ大学は当時、経済学の研究のメッカでした。アメリカの大恐慌の後、いわゆる新自由主義的な、新古典派的な経済政策が破綻して、新しいケインズ的な経済政策の原理が確立していく。それが結局一九六〇年代のヴェトナム戦争を契機として崩壊してしまったわけです。

マッカーサーと憲法九条

ここで今日の主題に入ります。今まで脱線ばかりしてしまって申し訳ありません。アメリカ大恐慌のことはよくご存じでしょうが、一九二九年十月から十一月にかけて、ニューヨーク株式市場の大暴落に始まり、そしてフーバー政権の下で不況が深刻化していくわけです。

フーバー大統領はどういう経済政策をとったかというと、まず増税をしました。とくに、三一年だと記憶していますが、平和時最大の増税をします。それは税金を使って失業対策に向けるという趣旨だったのです。それから、財政支出を大幅にカットして、しかも労働者を徹底的に弾圧しました。三二年六月、これはいちばん深刻なときだったのですが、ワシントンのポトマック河畔に帰還兵の大群がキャンプを張って連邦政府に抗議をするということがあり、これはひと月近く続きました。

ところがフーバー大統領は軍隊を動員してそれを弾圧したのです。そのときの司令官がダグラス・マッカーサーでした。マッカーサーはフーバー大統領の期待に十二分に応えて、失業した労働者たちを襲い、徹底的に弾圧しました。アメリカの人にとってマッカーサーのイメージはこれです。

マッカーサーがトルーマンに最高司令官を解任されて本国に戻ったときに、上・下院合同の委員会が開かれて、マッカーサーが証人として二日ほど証言したことがあります。マッカーサーの証言は次のようなものでした。

幣原首相があるとき、総司令部を訪ねてきてこう言った。日本が平和国家として国際社会の中でこれからも存続するためには、軍隊をもってはいけない。あなたは軍人なので、こういうことを言うのは失礼だと思うけれども、日本の新法に日本は軍備をいっさいもたないという条項を入れてほしいと。そこでマッカーサーは幣原をエンカレッジ（激励）した。だから日本の憲法に第九条を入れたことは自分の力だ。マッカーサーは自分の功績をオーバーに言う人なんですね。

あの好戦的なマッカーサーが日本の平和憲法を作るうえでのいちばんの功労者であると

いうことで、マッカーサーに対するアメリカの世論が一変したのです。それでマッカーサーを大統領候補に、という大きな運動が起こりました。ところが、事務局とうまくいかなくて、結局、事務局のほとんどの人が辞めてしまって選挙ができなくなったという。いかにもマッカーサーらしいエピソードが残っています。

大恐慌期に社会的共通資本を整備

大恐慌は、アメリカにとって南北戦争以来の大きな事件だったと思います。一九三三年三月四日にルーズベルトが大統領に就任したときは、全米の金融機関がほとんど全部閉鎖されていました。そして、それまでの四年間に倒産した金融機関は一万近く、国民所得は半分になって、失業率は農業部門を入れると二五％、工業部門だけとると三七％を超えるという状況になっていました。当時は社会保障の制度は何もない。自殺率が二ポイントぐらい上がったといわれています。

そこでニューディール政策を打ち出すわけですが、ルーズベルト政権の最初の閣議で、司法長官のカミングスが次のような発言をしたのです。

「現在、アメリカ経済が置かれている状況は、資本主義という制度がアメリカという国家に対して挑戦し、戦争行為をおこなっているのだ。そのような意味で、アメリカはいま戦争状態にある。したがって、政府は対敵通商法（Trading with the Enemy Act）を適用すべきである」

この法律は独立戦争のときに出来た法律で、議会の協議も何も経ないで、すべて大統領の通達で事を進めることができるというものです。その最初にとった政策が一九三三年の銀行法です。

一九二〇年代を通じていろんなところで投機的バブルが起こり、それが破裂した。いちばん有名なのは、フロリダの別荘用土地問題というのがあって、フロリダの土地を別荘用に皆が買い求めた。旅費のほうが高くつくということで現地へ見に行くことはなくて、不動産屋の店頭で売買する。買えばすぐ上がるというのでたいへんなブームになった。

ところが、あるときニューヨークの新聞、といってもニューヨークタイムズではなかったように記憶していますが、そこの記者が現地を調べたところ、店頭で取引されている土地の大部分は満潮時には海の底になってしまう。（笑）そういうことを発見して新聞の記事にした。一晩で価格がゼロになったという有名なエピソードが残っています。

一九七九年に、大恐慌発生から五〇年ということで、日経新聞で何人かの経済学者が書いたり、しゃべったりした記事がありました。その中にサミュエルソンのエッセイがあったのですが、彼のお父さんはインディアナ州ゲーリーのＵＳスチールの製鉄所の職工さんでした。ゲーリーはＵＳスチールのメイン工場のあるところ。日本でいうと八幡です。一九二〇年代は景気が良くて、お父さんはおカネを貯め、そのおカネを全部はたいてフロリダの別荘用の土地を買った。そしてそれが一晩でゼロになった、というのが大恐慌についての思い出だというエッセイです。

この投機のバブルがニューヨークの株式市場に行くわけです。そして大惨事になる。そこで、銀行業務と証券業務を完全に切り離すというのが、一九三三年銀行法の主なポイントでした。そして、預金の上限を設け、連邦準備銀行の権限を強くするなどの条項を入れます。

つまり、金融機関を社会的共通資本として、儲けを求めるのではなく、社会が円滑に機能していくための制度として位置づけるわけです。銀行、証券、金融に携わる人たちは、そういった一つの社会的な視点から行動を選択すべきであるというのがグラス・スティーガル法のエッセンスです。

それからもう一つは、ＴＶＡ（Tennessee Valley Authority）の創設です。ミシシッピー川の下流、南部の六つか七の州にまたがる広大な流域がテネシー・バレーで、アメリカ南部でもっとも貧しい地域です。その地域開発を公的な資金でするのがニューディール政策のもう一つの柱であるＴＶＡです。

ダムを作り、発電所、道路を建設し、鉄道、町を作るといった、いわば社会的インフラストラクチャーの形成を公的な資金でおこなう。地域開発を、社会的インフラストラクチャーという社会的共通資本を、公的な資金で実行に移す。そして社会の円滑な、安定的な発展を可能にしようというのが、ニューディール政策の第二の柱であるＴＶＡです。

私は、この二つがニューディール政策の中でもっとも効果的な政策だったのではないかと思っています。ただ、アンシャン・レジーム（旧体制）が執拗《しつよう》にニューディール政策を当初から批判していて、その最たるものがＴＶＡでした。訴訟が起こされて、連邦最高裁判所でＴＶＡは違憲であるという判決が四三年に出ました。民間がやるべきことを政府がやっているというのが主な理由で、そこでＴＶＡは組織を変えて、形式的には民間で、実質的には連邦地方政府の指針が入っていくように変えたほどです。

話は戻りますけれども、六四年に私はシカゴに移りました。ちょうど大統領選挙の最中で、ジョンソン（民主党）とゴールドウォーター（共和党）の二人が争っていました。

フリードマンは新自由主義より過激

私がシカゴに着いたころ、ゴールドウォーターがヴェトナム戦争に水素爆弾を使えと主張したのですが、ミルトン・フリードマンがゴールドウォーターを弁護してこう言ったのです。ヴェトナムに水素爆弾を落とせば何百万人死ぬかわからない。しかし、それは自由主義を守るために当然だと。そのとき、フリードマンの言った有名な言葉が残っています。

"One communist is too many!"（共産主義者なんぞ一人でも多すぎる）

ゴールドウォーターやフリードマンの言う自由主義というのは、もっぱら企業の自由です。それを守るために何百万人の生命も惜しくない。このゴールドウォーターの主張に対して、アメリカだけでなく、世界中からきびしい非難と批判が起こった。ゴールドウォーターは政治家ですから、その主張を取り下げました。

あるときフリードマンがゴールドウォーターの選挙陣営に呼ばれて、アドバイスをしたことがあります。帰ってくるなり、"Goldwater is the man. Compared with him, Richard Nixon is a communist."（ゴールドウォーターこそリーダーにふさわしい。彼に比べればリチャード・ニクソンなど共産主義者のようなものだ）と言って歩いていました。私たちは（シカゴ大学の同僚として）ほんとうに恥ずかしい思いをしたものです。

そのとき、フリードマンがゴールドウォーターに与えたアドバイスは、ＴＶＡの民間への払い下げでした。このアドバイスを真に受けたゴールドウォーターが選挙公約の中に入れたのです。ところが南部で、ゴールドウォーターに対して猛烈な反対と批判が起こって、大統領選どころか、自らの政治生命すら危なくなってしまった。

南部の人たちは、社会的共通資本としてのＴＶＡが南部の産業の発展、生活の安定、雇用の確保に重要な役割を果たしていることを実感として感じていたのです。ゴールドウォーターという人は政治家です。そこで自分の立場をさっと変えて、民営化は絶対しないと言って辛うじて政治生命を保つことができたのです。

私は事情があって予定より半年ほど早くシカゴ大学へ移り、私のオフィスが用意できるまでフリードマンのオフィスを使っていました。ニューヨークタイムズの記者が執拗にフリードマンを追っていたのですが、フリードマンは巧妙で、別荘に一年間こもって研究に専念した。

迷惑を受けるのはわれわれなんですけれども、とうとうその記者はフリードマンに会えなかったのです。それでその記者はゴールドウォーターの陣営に行って、ゴールドウォーターにこう質問したんです。「あなたが大統領になったら、フリードマン教授を経済顧問にするつもりですか？」と。そしたらゴールドウォーターが慌てて“No. Because he is too extreme.”（フリードマンは過激すぎるからアドバイザーにする意思はない）と答えた。

それがニューヨークタイムズの第一面に大きく出て、あの（超保守の）ゴールドウォーターが“He is too extreme.”と言った教授がシカゴにいるというので、私たちは本当にたいへん肩身の狭い思いをしました。（笑）

自由主義制度を守る。要するに企業の自由をとことんまで追求してできるだけ儲ける機会をつくり出す。これが、デヴィッド・ハーヴェイさんがネオリベラリズムの特徴として挙げた点です。また、水、土地、空気、自然環境とか、マーケットがないものはマーケットをつくる。それが政府のいちばん重要な責務であるということが強調されています。

フリードマンの信奉していた市場原理主義は、ネオリベラリズムよりもずっと過激で、彼は至るところで自分の考えを主張していました。フリードマンの市場原理主義には一貫した経済学の考え方というのはないんですね。フリードマンは、マクロ的な側面についてはいっさい論文も書いていないし発言もしていない。ミクロ的な側面についても、その時々によって違うんです。

たとえばフリードマンが強調した合理的期待形成の考え方は、各人が将来のことを正確にすべて知っている。客観的な確率分布までわかっている。そして、その上で自分にとっていちばん良い選択をする。それが選択の自由だという。もしそうだとすると、マーケットなんか成立しないんですね。マーケットというのは、将来のことも、また他の人々がどういう行動をとるかもわからない。そこでマーケットという場で均衡点を見出そうとする。トリクルダウン理論というのもあります。金持ちに恩恵を施すと、滴《しずく》の落ちるごとく貧しい人にもしたたり落ちる（trickle down）と。だから、まず減税は金持ちからやるというのが市場原理主義の主張です。今回のサブプライム金融恐慌の原因の一つであるブッシュ政権の減税政策は、このトリクルダウン理論を適用したものだったのです。

フリードマンを破門したナイト

先ほど言いました銀行と証券業務の垣根を取り払うことに、フリードマンはそれこそ生命をかけて見事に成功したわけです。その帰結の一つが今度の大惨事です。とくにこの市場原理主義がいちばん極端な形で出ているのがサブプライムローンです。

サブプライムローンというのは、単に貧しいだけではローンを受ける資格はないんです。二度いろんなローンの支払いが滞って、そして差し押さえ処分などを受けてブラックリストに載っている人でないとサブプライムローンを受ける資格はない。

そして、時によって、または地方によって違うんですけれども、二%とか、ひどい例は○%の金利が、固定で最初の二年間ぐらいは約束されます。しかし、金融工学をうまく使って、ほかのいろんなローンと組み合わせて、これを新金融商品として大々的に売り出すのです。

売り出すときに、こういうセールスポイントまで使っていました。それは、このサブプライムローンはまったく選択の余地のない貧しい人たちの住宅ローンだから、普通のローンよりも一%高くチャージできる。これをインカムゲインと称して世界中に売って歩いたわけです。

かつて、一九六〇年代の終わりから七〇年代、アメリカのドル中心の固定為替相場制度が崩壊したのは、金一オンス三十五ドルの固定レートに政府が保証することができなくなって、ニクソンがそれを崩壊させる手段に出たんです。

ブッシュ大統領の八年間は、一方では金持ちに対する減税と同時に、巨大な軍事的な経費と貿易の赤字をすべてアメリカの国債、あるいはアメリカの金融機関が発行する、サブプライムローン的なものでカバーしていたわけです。

話が前後しますが、フリードマンがかねがね主張している、貧しい人たちを絞って、できるだけ儲けを多くするという市場原理主義の破綻がこういう形になって、百年に一度という大惨事を招くことになったわけです。

二〇〇六年でしたか、フリードマンが亡くなったという知らせを受け取ったとき、私と妻は思わず異口同音に「フリードマンが死んでよかったね」と。（笑）しかし、五十年近く付き合っている人を「死んでよかった」と言うのは余りひどいというので、また二人でフリードマンの思い出話を三十分間ほどした後、「フリードマンが死んでよかったね」とまた言ってしまいました。たいへん失礼な……。（笑と拍手）

質問　貴重なお話、ありがとうございました。「ラーニング・バイ・ドゥーイング」とか、刺激的、印象に残るお言葉がいろいろございまして、河合栄治郎先生のお話も出てきて、学生のころを思い出しました。質問ですが、儲けて何が悪いという今の日本の風潮がございます。これについて先生はどうお考えでしょうか。

宇沢　儲けることが悪いのではなくて、それによってどういう社会的、人間的な結果をもたらすかということを常に心に留める必要があるのではないでしょうか。儲けようというのは企業が生存するために必要なことです。

ただ、たとえばお医者さんが儲けるためというだけで診療をすると医者として信用もなくなるし、長い目で見るとお医者さんとして存続していけませんよね。つまり、それぞれの職業的な分野、職業的な規律と規範があって、それを守りながらそれぞれの営業なり、あるいは人間的な営みをすることがいちばん大事です。

最初に言うのを忘れてしまいましたけれども、第二次世界大戦が終わった一九四五年夏に、モンペルランというスイスの避暑地でフリードリヒ・ハイエクとフランク・ナイトが一緒になったんですね。

偶然だったと聞いていますけれども、そこで、今回の戦争によって、とくにナチズムによって人間の存在基盤自体が破壊されて、そこで人間の自由、人間の存在を回復するために、経済学者として考えなきゃいけない、それまでの独裁的な規制とかを否定して、自由な人間らしい生き方ができるような経済的基盤を考えていく必要がある。そのために、運動を起こそうと話し合った。そこでネオリベラリズムは始まったと聞いています。

当時、シカゴスクール（シカゴ学派）というのは、ナイトが中心でした。ハイエクがそれを助けている。ナイトは、アメリカが広島、長崎に原子爆弾を落としたことは人類の犯した最悪の罪であると非常に厳しく糾弾して、競争と倫理について、深く考えを進めたすばらしい経済学者でした。普通に言われているシカゴスクールとはまったく違うんですね。

とくに、広島の原爆で両親を失った女の子を養女にして、ずっとかわいがって、うちによく連れてきました。そして、息子さんは北大の低温科学研究所の教授になっていて、そういう心の優しい、同時に厳しい先生でした。

ところが、モンペルラン・ソサエティという形になって、フリードマンが中心になって、先ほど言った、儲けることをひたすら求めていった。それに対してあるときナイト先生が、みんなを集めてこういうことを言われた。ミルトン・フリードマン、ジョージ・スティグラーの二人は私のところで勉強し、論文を書いた。しかし最近の言動は目に余るものがある。今後は、私のところで勉強し、論文を書いたと言うことを禁止する、という破門宣言です。そのときはもう八十歳を越していらっしゃいましたけれども、すばらしい方でしたね。

もう一つ、ヨハネ・パウロ二世という方がいらして、私は「社会主義の弊害と資本主義の幻想」というタイトルの回勅《かいちょく》「レールム・ノヴァルム」をつくるときにアドバイザーとしてバチカンに行っていました。

ヨハネ・パウロ二世の偉大な教え

ヨハネ・パウロ二世もすばらしい方で、ローマ法王になられる前から、アメリカが原子爆弾を広島、長崎に落としたことを人類の犯した最悪の罪であると厳しく非難されて、それで、法王になられてすぐ日本に行くことを希望されて、一九八一年に来日されました。そして、後楽園球場で野外ミサを主祭されて、流暢《りゅうちょう》なすばらしい日本語で説教をされた。その中に、平和は人類にとっていちばん大事な共通の財産である、これを大事に守ろうと呼びかけられた。日本の平和憲法は、人類にとって貴重な社会的共通資本だということを強調された方です。フランク・ナイトとヨハネ・パウロ二世は偉大な教えを残されたと私は思っています。

質問 一言で結構ですけれども、マネタリストの元祖としてのフリードマンをどのように評価というか、批判なさるか、それを教えてください。

宇沢 フリードマンは、研究論文を審査するときに、貨幣数量説が結論として出るような論文は良い論文だ、前提条件がどんなにおかしくてもそれは構わない、そういうことを強硬に主張していた人です。

貨幣数量説のアーヴィング・フィッシャーはイェール大学の教授で、新古典派経済学の最高峰でした。（大恐慌を引き起こした）フーバー大統領のいちばんのアドバイザーでした。大恐慌に対して、マネーサプライをあまり増やさない、財政支出はカットする、増税する。駄目だったら軍隊を導入（して抗議運動に対処）するというのがアーヴィング・フィッシャーの考え方。その基礎に貨幣数量説があったのです。

実はフィッシャー自身もファンドを立ち上げて、たいへんな財産をなしたのですが、大恐慌で潰《つぶ》れてしまった、今でもニューヘブンに行くと、フィッシャーの住んでいた立派な邸宅がモニュメントとして残っていて、観光のルートになっているそうです。

経済倶楽部講演（二〇〇九年一月九日）

第2章

パックス・アメリカーナの危うさ

去年（二〇〇九年）に続き、また講演の機会をいただきました。今年は「平成大恐慌――パックス・アメリカーナの崩壊の始まりか」というタイトルを考えたのです。それから三か月ぐらいでしょうか、いろいろなことが起こって、大きなテーマを掲げすぎたと思って、今日は、むしろ去年のお話を続けたうえで、できればパックス・アメリカーナのことにも少し入りたいと思っています。

パックスという言葉ですが、これはパックス・ロマーナ、ローマの力によるローマのための平和、ということから始まり、ローマ帝国の崩壊の過程につながります。しかし、私たちにいちばん身近なのは、パックス・ブリタニカでして、それからその後を受けて、パックス・アメリカーナという時代に私たちは今いるんだという感じがいたします。

パックス・ブリタニカの悲惨

パックス・ブリタニカにははっきりした時代区分はなくて、その時代の基本的な特徴を漠然とそういう言葉であらわしているわけです。パックス・ブリタニカは十九世紀初頭に始まり、「イギリスの力によるイギリスのための平和」ということで、百年以上続いていきます。それが一九四五年、日本の無条件降伏を契機として、パックス・アメリカーナ、「アメリカの力によるアメリカのための平和」が始まったというのが一般的な理解です。

一八〇五年に有名なトラファルガーの海戦があって、スペインとフランスの連合艦隊がネルソン提督率いる英国艦隊に敗北します。しかし、それは必ずしもパックス・ブリタニカの始まりを意味しなくて、それから十年後、一八一五年、ワーテルローの戦いがあって、ナポレオンが連合軍に完敗したわけですが、そこがパックス・ブリタニカの出発点とされています。

パックス・ブリタニカは、まず、イギリスの海軍力に支えられて、海賊的な資本主義が世界を制覇するという時代だったわけですね。このイギリスの海軍力というのは、戦艦その他、適当にウエートをかけて海軍力と言っておりました。

そこでは「ツー・パワー・スタンダード」（Two-Power Standard）というのがあって、イギリスの海軍力は世界一である、二番目と三番目の国の海軍力を合わせたものよりもパワフルであるということを、パックス・ブリタニカの一つの目標に掲げたわけです。そして、それを武器にして海賊的な資本主義によって世界中に植民地をつくっていきます。

パックス・ブリタニカによる人間の破壊、社会の破壊、文化の破壊、歴史の破壊、これが世界中、至るところでおこなわれたのです。パックス・ブリタニカによる悲惨な被害ということですね。私はよくインドに行きますが、それがインドには色濃く残っています。インドの自然を破壊し、歴史を破壊し、文化を破壊して、人間まで破壊していく。

パックス・ブリタニカのいちばんの特徴と言えるのは、インドのエリート層の優秀な子どもたちにイギリスの大学、オックスフォードとかケンブリッジで教育を受けさせるんですね。そこでイギリス式の考え方、生きざまを身につけさせて、本国に帰し、支配者にするわけです。それがイギリスの植民地政策の特徴です。アフリカの植民地では、インド人が現地の人に代わってパックス・ブリタニカの先兵になるということが、一つの流れでした。

このパックス・ブリタニカが、二十世紀に入って、オスマン・トルコの衰亡、第一次世界大戦を受けて崩壊していきます。そのパックス・ブリタニカの崩壊の始まりの象徴が、実は世界大恐慌で、日本の経済史では昭和大恐慌と呼ばれています。

一九二九年のニューヨークの株式市場の大暴落に始まった大恐慌ということですが、実はイギリス経済はその前、二〇年代の後半から非常に深刻な状況に置かれていて、結局、アメリカの大恐慌がとどめを刺したというふうに理解されています。

パックス・ブリタニカの凋落《ちょうらく》期に二人の経済学者が現れて、力を合わせてパックス・ブリタニカの崩壊を防ごうとしました。ケインズとベヴァリッジです。ケインズ（J. M. Keynes 1883-1946）は、資本主義という制度、つまりパックス・ブリタニカの基本的な経済制度に矛盾があると言っていたわけですね。常なる不均衡、失業の大量発生、あるいは物価の不安定、そして経済活動全体の非社会性ということを念頭に置いて、パックス・ブリタニカの崩壊をどうやって防ぐかということに力を尽くしました。

ベヴァリッジ＝ケインズの時代

それに対してベヴァリッジ（W. H. Beveridge 1879-1963）は、パックス・ブリタニカの下で犠牲になって苦しむ人々、失業、病気、主人が亡くなって一家を支えなきゃいけない女性とか、そういう立場に立って、どうやってそれを救済するかということに一生を捧げた人です。

ですから、その時代の経済学は、「ケインズ＝ベヴァリッジの時代」、あるいは逆に「ベヴァリッジ＝ケインズの時代」というふうに呼ばれることが往々にしてあります。

日本ではベヴァリッジという人はあまり注目されていない。私も昔、ベヴァリッジは一種の社会運動家というような印象をもっていたんですが、あるときベヴァリッジのことをよく知る機会があって、私は今では、ケインズを超えるすばらしい経済学者だったというふうに思っています。

東洋経済新報社はケインズの業績を日本に知らせた、いちばん中心的な出版社ですので、この席でケインズのお話をするのはあまり適当ではないかもしれません。むしろベヴァリッジのことを少しお話しして、パックス・ブリタニカの凋落期に経済学者がどういう役割を果たしたかということを考えてみたいと思います。

ベヴァリッジはケインズより四歳年上です。オックスフォード大学を出てすぐ就職した先が、トインビーホールという世界で最初のセツルメントハウスでした。セツルメントハウスというのは、教会とかいろいろな団体がつくるのですが、牧師や研究者たちが住み込んで、周辺の貧しい人たちのために力を尽くします。トインビーホールはロンドンのイーストエンドにあります。イーストエンドはいちばん貧しい地域で、チャールズ・ディケンズの世界ですね。

ベヴァリッジはそこにたしか三年住み込んでいろいろなことをするのですが、その後、『モーニング・ポスト』という日刊紙の記者になって、ここでも失業したり病気になったりした人たちのために力を尽くすわけです。

当時はビクトリア時代の流れが強くて、失業というのは本人が怠慢である、あるいは酒を飲んでばかりいる、といったことが原因で、本人の不徳のいたすところである、というのが一般的な考え方だったのです。しかしベヴァリッジは、働きたくても職がないとか、病気になってしまう、あるいは女性の場合、夫と離婚したり死に別れるとかいうことで、不徳ではなくて、社会的な制度、経済制度ゆえに苦しんでいるというふうに考えるわけです。

そして、一九〇九年に有名な『失業――産業の問題』という本を出します。失業を社会的あるいは経済的な問題としてとらえて、それをどういうふうにして解決すればいいかということに全力を挙げた、すばらしい書物です。

ケインズが一九三六年に『雇用・利子および貨幣の一般理論』の中で、**involuntary unemployment**（非自発的失業）ということを述べております。つまり、働きたくても働けない、健康不安によって職が見つからないとか、そういう概念を一般理論のコアに据えたわけですけれども、実はその原点は、ベヴァリッジの『失業——産業の問題』という書物にあるわけです。

それから、ベヴァリッジは『モーニング・ポスト』の記者をしているときに、シドニー&ビアトリス・ウェブ夫妻と親しくなるんですね。ウェブ夫妻というのは、フェビアン・ソサエティをつくった、新しいタイプの労働運動の指導者でした。

実は、ウェブ夫妻が中心になってイギリスで最初に、労働者階級のための大学をつくるわけです。それがロンドン・スクール・オブ・エコノミクス（LSE）です。イーストエンドの近くにあります。ケンブリッジやオックスフォードとは違って、非常に貧しい建物です。私もイギリスにいたころ、よく行ったのですが、エレベーターも縄を使って何階に行くというふうにしなければいけませんでした。

ベヴァリッジはそこの教授として呼ばれて、その後、学長として十八年間、力を尽くしました。このロンドン・スクール・オブ・エコノミクスは、今、世界一流の大学になっています。

ところが突然、首になってしまった。それは、ビアトリス・ウェブという女性が非常に強い、典型的なイギリスの厳しい女性だったからです。彼女は、ベヴァリッジが秘書と仲が良すぎる、普通の関係ではないということを問題にして、十八年間、学長を務めたベヴァリッジを解雇するんですね。

NHS誕生への苦難の道

その後、ベヴァリッジはオックスフォードの学長をやったのですけれども、不遇でした。一九四〇年にイギリス軍は大陸から完全に撤退しており、ロンドン空襲が始まる直前ということで、いちばん悲惨な一九四一年一月にベヴァリッジは、当時の首相、チャーチルに手紙を書いています。

それは、今度の戦争はイギリスにとって最大の苦難である。戦争に勝っても負けても、待ち受けるのは悲惨と破壊しかない。今ここで、戦後のイギリスの社会をどうやって再建するかということを詳しく研究して、それを発表し、国民に安心感を与えることが必要である。

手紙では、下院にそのための委員会を設置するよう提唱しているわけですが、その手紙の最後に「私は幸い失業しているので、その委員長の職はいつでもお引き受けします」と書いています。

チャーチルはそれに対して返事も出さない。ところが、それからしばらくして、チャーチルは下院で有名な演説をします。それは、ベヴァリッジの言ったことそのままです。

当時、グリーンウッドという下院議員がいて、無任所大臣でした。「戦後社会再建を考える委員会」といったような名前の委員会の委員長に、チャーチルはグリーンウッドを指名するんですね。それからしばらくして、一九四一年六月ごろですが、グリーンウッドが小委員会を立ち上げるんです。それが「社会保障に関連する小委員会」という、非常にモデスト（控えめ）なタイトルですが、その委員長にベヴァリッジを指名します。

グリーンウッドとベヴァリッジは、非常に親しかったのだろうと思います。こうしてベヴァリッジが委員長になって始めるわけですが、小委員会のマンデート（課題）は、現行の社会保障制度を調査研究して、もし問題点があるならば報告せよというものでした。

しかし、ベヴァリッジはそのマンデートをはるかに超えて、理想的な社会保障制度をどうやってつくったらいいかということを前面に掲げて、すばらしい研究を続けるわけです。ところが、小委員会のメンバー十二人のうち、ベヴァリッジ以外の十一人全員が、各省庁から派遣された官僚なんですね。そこで、ベヴァリッジの壮大な研究に対して、みんな逡《しゅん》巡《じゅん》するわけです。

イギリスの大蔵省は、今もそうだと思いますけれども、当時、非常にパワフルでした。

日本の大蔵省の比ではありません。たとえば、各省庁に一人ずつ副大臣を送り込んで、その省庁の予算の責任者にしていたんです。もともと国王の金庫を預かっていて、普通の省庁とは違うんだということで、まったく別格なわけです。

ところがベヴァリッジは、社会保障制度を主として所得税で賄うということを前面に掲げたんですね。そこで、大蔵省のいちばん重要な権限である税制についてベヴァリッジが口を出すということに大蔵省はものすごく反発して、一時期、この問題でベヴァリッジと接触することを禁止するという通達を全官僚に出したほどでした。

それで、十一人の委員は、何もすることができなくなってしまったわけです。最終報告書がほとんど出来上がっているわけですから。そこで、グリーンウッドが妙案を考えたんです。ベヴァリッジ以外の全委員を顧問にして、何を言っても構わない、最終報告書にサインする必要もない、という形にして、「ベヴァリッジ報告」が下院に提出されたんですね。一九四二年十一月の末です。

それが十二月に一般に売り出されますが、発売二時間で七万部売れ、一年間に六十二万五千部売れたという記録が残っています。しかも世論調査ではベヴァリッジ報告に九〇%以上が賛成した。

ところが、チャーチルは何もしなかったんですね。というのは、チャーチルは保守党の党首で、べヴァリッジはリバティ党なんです。日本では自由党と訳していますけれども、リバティとフリーダムとはかなり内容が違っていまして、リバティ党は、日本では民主党に近いような感じです。いずれにせよ、まったく無視されてしまった。

ところが、一九四五年七月、総選挙があって、労働党が圧勝するわけです。そして、アトリーが首相になります。アトリーは直ちにベバンという人を厚生大臣に任命し、そしてベバンがベヴァリッジ報告を実際に制度化する作業を始めます。

当時のイギリス労働党はかなりラディカルで、ベヴァリッジの案を具体化するために、全医療機関を国営化するということをまず前提としたんですね。それは当時のイギリスの労働党の重要なプリンシプルでもあったわけです。しかし、そのために非常に難航しました。とくに医師会とか大学関係の医学者たちも反対して、結局、時間がずいぶんかかって、一九四八年に一応、べヴァリッジの案を具体化した制度が出来ます。

それがナショナル・ヘルス・サービス（NHS　国民保健サービス制度）という、戦後、非常に多くの人たちに夢と希望を与えた制度です。このナショナル・ヘルス・サービスは、居住外国人も含むすべての国民が無料で医療を受けることができる制度です。一九五二年に一部修正されて、処方箋《しょほうせん》とか義眼、義歯などは患者が負担することになりましたが、基本的にはすべて税収で賄うという制度が発足するわけです。

ケインズとミードの協力

ベヴァリッジ報告書でいちばんポイントを置いたのは、社会保障制度、医療とか年金、基礎年金、子どもの手当とかを保障することによって戦後のイギリスの社会を安定的に維持できるということでして、それを一般の国民が理解することで、戦争に協力するというような考え方だったんですね。

ベヴァリッジは失業とか社会保障の専門家で、小委員会の委員長に指名されたとき、自分は財政とかマクロ経済のことはまったくわかっていないということで、ケインズのところにアドバイスを求めに行きます。

ケインズは当時、大蔵省の顧問をしていました。日本で顧問というと、雛壇《ひなだん》に飾られた感じですけれども、イギリスの顧問はフルタイムです。イギリスの大学の俸給は全部同じで、教授はいくら、リーダーはいくらというふうに決まっていて、顧問は教授の給与水準のほぼ二倍です。フルタイムということで、大変な仕事をする。

ケインズは大蔵省の顧問ということで、非常にパワフルなポストにいたわけですね。そこで、ベヴァリッジの要請を受けて、ケインズはジェームズ・ミードを、ベヴァリッジのアシスタントに指名します。ジェームズ・ミードは当時、内閣官房の経済部にいました。そこで大蔵省のヘンダーソンという経済学者との間で大きな論争を展開していました。そういうこともあって、ミードを指名したんです。

ミードは、戦後イギリスの生んだ最も偉大な経済学者です。経済成長論とか、国際経済、その他、すばらしい理論モデルを次から次へとつくった天才的な理論家であると同時に、非常に現実感覚豊かで、社会正義の感覚を備えた理想的な経済学者です。

大蔵省のヘンダーソンとの論争の争点は、乗数効果の問題です。ケインズ理論のコアは、政府の財政支出をたとえば一億ポンド増やすと、それがいろいろな波及効果を持って、国民所得が何倍か増える。それによって、また税収も増えるというものです。ミードは、とくに医療に対する支出が非常に高い乗数効果をもっているということを主張して、ヘンダーソンとの間で大きな論争となります。

同時に、医療とか社会保障の原点にかかわることは、たんに経済的な乗数効果だけでなく、社会を安定化させる。また、とくに貧しい人、あるいは苦しんでいる人たちを救済する効果が非常に大きいという。

しかも、それは原則として、所得税を中心とした税収で賄う。相続税もそうですけれども、所得税は累進性が高い。金持ちほど相対的によけい負担します。医療の給付を受ける面では、みんな平等に扱う。しかし、金持ちほど相対的に多く負担しているというわけです。

ベヴァリッジ報告書がつくられる過程で、ミードはケインズとベヴァリッジの間に立って献身的な努力を重ねます。これはナショナル・ヘルス・サービスという制度に色濃く反映しています。

しかし、このナショナル・ヘルス・サービスについては、当初から大蔵省は徹底的にサボるわけです。当時、戦後からしばらくの間、医学の水準が非常に高くなって、新しい技術、新しい機器、新しい薬が次から次へとできてくる。それを大蔵省が非常に厳しく抑える。

厚生大臣のベバンは病院を国営化します。開業医はジェネラル・プラクティショナー（専門を限らずに地区の患者を診て専門医に引き継ぐ一般開業医）としてナショナル・ヘルス・サービスと契約を結ぶと、NHSから支払いが出るんです。ちょうど昔の日本のおコメの配給みたいな制度で、各地域にNHSと契約を結んで、ジェネラル・プラクティショナーとして働くお医者さんのリストがあるんですね。

私はそのころケンブリッジにいたんですけれども、ケンブリッジには百人ぐらいのNHSと契約を結んだお医者さんがいて、その中から一人選んで、一年間、ファミリードクターとして指定するわけですね。そうすると、具合が悪いとき、病気になったときに、そのお医者さんに診てもらう。薬も処方してもらえます。すべて無料です。

ところが、病院で治療を受けようとしても、そのファミリードクターがリファー（紹介）しないと病院に行けないんですね。当時、病院は大蔵省が非常に厳しく管理していたために、新しい病院はつくらせない。新しい設備も入れない。しかも、お医者さんの給与水準を非常に厳しく抑えたんですね。信じられないような低さです。

そのために、私がいた一九六〇年代には、新しくお医者さんになる人よりもずっと数多くのお医者さんやお医者さんの卵が外国に職を求めて、アメリカ、カナダ、オーストラリアに行っていました。それで極端な医師不足、病院の施設も足りないという状況になっていました。

病院をナショナル・ヘルス・サービスが管理し、すべて官僚的なコントロールのもとに置かれていたわけです。それが医師の職業的な意識と矛盾を引き起こすわけです。私はそのことを身近に体験する機会をもつことができました。

私はミードに呼ばれてケンブリッジにフェローとして行ったんですけれども、フェローというのはカレッジのパーマネントなメンバーです。そこでいちばん親しくしていたフェローの名前が、リチャード・ダーウィン・ケインズというのです。お父さんがケインズの弟で、お母さんがチャールズ・ダーウィンの孫という、大変な人でした。

彼は、もともと医師だったんですね。ところが、ナショナル・ヘルス・サービスのもとで、官僚的な管理に悩んで、とうとう医者を辞めて、生理学の教授になって、私のいたカレッジのフェローになったわけです。私より十歳年上のすばらしい方でした。

彼はベヴァリッジとも親しくて、いろいろなアドバイスをしていました。ベヴァリッジの理想が、実は実現できない。一つには、ラディカルな、国有化していこうという労働党のプリンシプルとは合わない。つまり、医師というのは、一人ひとりが職業的な自由を持ち、志をもっているわけですが、国家的な管理に置かれることと矛盾するということで非常に悩んでいたんですね。

彼は結局、病院の勤務医を辞めて研究者になるんですけれども、一方では労働党の、ある一つの理想的な医療と、他方では現実の官僚的な、大蔵省主導の管理医療、その間で非常に悩みました。そしてダーウィン研究の専門家として有名になったのです。彼の苦悩には非常に共感するものがありました。

Kill-Ratio から Death-Ratio へ

その後、医者の待遇の改善もおこなわない、病院の新設もおこなわないということがずっと続いて、一九七〇年代を通じて厳しくなっていくんですね。とどめを刺したのが、サッチャーです。一九七九年に首相になって、改革と称して徹底して市場原理主義的な政策を進めるわけですね。しかし一期目は、ＮＨＳだけは手をつけられなかった。まず国鉄、郵便局、電信電話をすべて民営化します。

二期目に入ってから、ＮＨＳに手をつけたんです。ところが、ＮＨＳは、国民の圧倒的な支持があって、簡単に民営化できないというので、擬似的な民営化を考えた。「内部市場制度」をつくったのです。一種のバーチャル・マーケットをつくって、民営化と同じような効果を出そうとするものですが、アメリカのアラン・エントホーフェンという経済学者を呼んで、彼を中心に徹底した効率化をはかり医療費の抑制をはかるわけです。

後に一九九七年にブレアが首相になって、ナショナル・ヘルス・サービスの立て直しをしようとするのですが、そのとき入院の待機患者が百三十万人いました。イギリスは日本の人口の半分ぐらいですから、百三十万というのはたいへんな数です。

そこでくだんのエントホーフェンですが、彼はデス・レシオ（Death-Ratio）というべき概念を導入しました。これは、一人の患者が死ぬまでの年々の医療費を最小にしよう、という医療費抑制政策です。とくに六十歳以上の老人に焦点を当てたんですね。

エントホーフェンの強い影響があったんだと思いますけれども、六十歳以上の老人に腎臓透析を施すことを禁止するという通達まで出ています。六十歳以上の人には、腎臓透析というたいへん費用のかかる医療を施しても、どうせあまり長く生きられないわけだから、そういうことをしてはいけない。エントホーフェンの考えだったんですね。まさに極限の市場原理主義とでもいうべき政策です。

エントホーフェンは、ヴェトナム戦争のときに四十五歳ぐらいだったと思いますけれども、マクナマラ国防長官の信任を得て、国防次官に任命されて、ヴェトナム戦争の実質的な責任者になった人物ですね。

そこで彼が使ったのがキル・レシオ（Kill-Ratio）です。殺戮《さつりく》比率というんでしょうか、ヴェトコン一人殺すのに何万ドルかかるかで戦略、戦術を考えるというものです。キル・レシオをできるだけ低く抑えるような作戦を各部署で実行に移す。

つまり、限られた戦争予算のもとで、できるだけ多くのヴェトコンを殺すというのをヴェトナム戦争遂行の目的に掲げたんですね。それを『ニューヨーク・タイムズ』の記者がすっぱ抜いて、世界中からごうごうたる非難が沸き起こりました。

マクナマラ長官は、追い詰められて一種のノイローゼになったんですね。カナダで演説をしているときに、突然、わめき出して、今度のヴェトナム戦争はアメリカ史上最悪のことだ、倫理の崩壊、アメリカの名誉はここで地に落ちたという「名演説」をして、辞任に追い詰められました。

じつはジョンソン大統領も、その後、再選を断念せざるを得なくなって、ヴェトナム和平への道が開けたということです。その道を開いたという点では、エントホーフェンはある意味では功労者です。

じつは、このキル・レシオというのは、マクナマラ自身が考え出した概念です。彼は、戦争中、陸軍航空隊にいて、日本攻略の基本的作戦を練るという仕事をしていたのですが、そのとき、キル・レシオという概念を導入して、それを最小にするような戦略を考える。対日戦でのキル・レシオは、日本人一人殺すためのコストをできる限り安く上げようということです。

言い換えると、限られた航空力のもとで、できるだけ多くの日本人を殺すことを戦争遂行の目的に掲げたんですね。それが、日本爆撃の全責任を負っていた第二一爆撃集団の司令官カーティス・ルメイ少将の目に止まって、マクナマラはグアム島に呼ばれて、そこで日本攻略の作戦を練るわけです。

そのために、たとえば新しい焼夷弾を開発します。ナパームです。これは木造家屋が効率的に燃えるように、ある種の化学薬品を混ぜてあるものです。マクナマラの日本攻略作戦がいちばん大きな規模で実行に移されたのが、一九四五年三月十日の東京大空襲です。

地域を東京の下町に限ってB29を投入し、一面火の海にしてできるだけ数多くの人を殺す。その結果、一晩で死者八万人、負傷者五万人、燃えた家三十万軒でした。これは、それまでの戦争の歴史でいちばん悲惨な被害を与えることになったわけです。限られた航空力で、できるだけ効率的に日本の都市を破壊して、人間を殺す。これはその後、日本の主要都市に波及し、そのとどめを刺したのが広島、長崎への原子爆弾投下です。

マクナマラはその後、「フォッグ・オブ・ウォー――マクナマラ元米国防長官の告白」という記録映画に自ら出て、当時のことを振り返って、こう言っています。「ルメイ長官はいつもこう言っていた。もしこの戦争に負けたら、われわれはみんな戦争犯罪人として処刑されていたに違いない」。マクナマラも、事実、われわれはそういうことをやっていたんだと言っています。

この市場原理主義的な戦争遂行、つまり限られた予算でできるだけ効率的に人間を殺すという考え方は、ある意味では、パックス・アメリカーナの原点と言ってもいいような考え方です。パックス・アメリカーナは、マッカーサーの日本占領に始まるわけですけれども、その考え方を端的に表現したのがネオリベラリズムの考え方です。

ネオリベラリズムは、日本ではもっぱら「新自由主義」と訳されていますが、単に「自由主義」というのは英語ではリバータリアニズム（libertarianism）で、かなりニュアンスが違うんですね。

モンペルラン・ソサエティの誕生

一九四五年夏、スイスにあるモンペルランという避暑地で二人の経済学者がたまたま一緒になりました。フランク・ナイトとフォン・ハイエクです。フォン・ハイエクは、ナチの犠牲者でアメリカに亡命した人ですけれども、二人は「今度の戦争で、社会が破壊され、人間が破壊され、ヨーロッパの文明が破壊されたが、そのいちばんの原因は、ナチズムと、（当時、東欧で起こりつつあった）共産主義、この二つだ」と言っております。実はハイエクは、もう一つケインズも入れているんですけれども。

そこで、ヨーロッパの文明を守るために新しい運動を起こすということを相談して、一九四七年、モンペルラン・ソサエティを立ち上げます。その基本的な考え方が新自由主義で、これは、企業の自由が最大限に保障されているときに、初めて人間の能力も最大限に発揮することができるということです。

そのために、すべての生産要素、資源を私有化し、個人所有にして、すべてのものをマーケットを通じて取引する。そうすることによって社会全体として非常に望ましい状態を実現することができるという考え方です。

その後、モンペルラン・ソサエティは、ミルトン・フリードマンをリーダーとする、市場原理主義的な流れに巻き込まれていくわけですね。その出発点をつくったのが、ナイトとハイエクのモンペルラン・ソサエティです。そのときの基本的な考え方が、ネオリベラリズムだったわけです。水とか大気とか市場が形成されていないものは、新しくマーケットをつくって取引をするようにすべきである、といったようなことも含まれています。

フリードマンはその後、狂信的と言ってもいいと思うんですけれども、市場原理主義のゴスペル（信条）を普及するのに非常に効果的な役割を果たしたわけですね。

フリードマンがいちばん最初にターゲットとして掲げたのは、金融機関が当時、証券業務と預金業務を兼務するということは厳しく禁止されていたわけですが、その垣根を取り払うことだったわけです。これがフリードマンの最初のターゲットでした。

一九二九年の十月から十一月にかけて二回の株価の大暴落が起こって、それがもとで、実物経済にも波及していく。バブルの崩壊が波及していくわけですね。一九三三年にルーズベルトが大統領に就任したときには、それまでの四年間で国民所得が半分になっており、倒産した金融機関の数は九千件を超えていました。そして、失業率が二五%。農業部門を除いて工業部門だけにすると三七・五%の失業という、最悪の状況になるわけですね。

そこで、一九三三年三月四日、ルーズベルトが大統領になって最初の閣議で、司法長官のカミングズがこういう発言をしました。「今度の事態は資本主義という制度が、アメリカという国家に公然と戦争を仕掛けている。したがって、対敵通商法を適用すべきである」と。

市場原理主義とニューディール政策の否定

対敵通商法というのは、Trading with the Enemy Act です。これは一九一七年につくられた法律で、戦争状態にあるときに、議会の審議を経ないで、すべて大統領の通達で新しい法律をつくったり、制度をつくることができるというものです。

これを受けて、最初につくられた法律の一つが、グラス・スティーガル法、一九三三年銀行法です。つまり、金融機関は銀行業務と証券業務について、厳しく垣根をつくって分離し、金融機関はそれぞれ、私の言葉でいうと社会的共通資本として、社会の経済的な営みが安定的に維持できるような、そういう役割を果たす。ただ儲けることだけを求めてはいけない、と。そのほか、レギュレーションQ（預金金利規制に関するFRB規則）とかもあります。しかしニューディール政策のコアはグラス・スティーガル法だったのです。

フリードマンは、事あるごとにこれを撤廃して垣根を取り払おうとしたわけです。これがとうとう一九九九年に実現するわけですね。グラム＝リーチ＝ブライリー法です。それが今、現在の悲惨な状況を生み出した、いちばん大きな原因だと思っています。

この対敵通商法が第二次世界大戦後、適用されたいちばん大きな例というのは、実はニクソンのときです。日本は佐藤（栄作）総理でしたが、繊維の輸出自主規制。あれは対敵通商法が適用されている。それがアメリカの日本に対する非常に大きな圧力の一つだったと思うんですね。

実は、パックス・アメリカーナが成立する過程でいちばん重要な役割を果たしたのが、マッカーサーだったのです。最近、デヴィッド・ハルバースタムがマッカーサーの伝記風の本を出して、日本語にも訳されています（『ザ・コールデスト・ウインター　朝鮮戦争』（*The Coldest Winter*））。朝鮮戦争のときにマッカーサーの果たした役割、そしてマッカーサーが占領軍総司令官として、非常に偏った社会観、政治観をもって日本を支配したことが細かく書かれています。

ハルバースタムは『ベトナムの泥沼から』（*The Making of a Quagmire*）という書物を一九六〇年代半ばに出してヴェトナム戦争に非常に大きな影響を与え、その後『ベスト&ブライテスト』（*The Best and the Brightest*）という歴史的な本を書いた人です。『ザ・コールデスト・ウインター　朝鮮戦争』では、マッカーサーがパックス・アメリカーナにどういう役割を果たしたかということを非常に細かく、詳しく、的確に書いています。その本の原稿が出来上がったあと間もなく、ハルバースタムは非常に奇妙な交通事故で死んでいます。

マッカーサーの大恐慌と朝鮮戦争

マッカーサーは、一九二九年大恐慌のときに非常に重要な役割を果たしました。それは一九三二年五月に始まったボーナス・アーミー事件です。

第一次世界大戦に従軍した帰還兵にフーバー大統領がボーナスを約束したのに、なかなかそれを履行しないというので、数万の帰還兵たちが、家族連れも含めワシントンに集結します。そして、ボーナス、たしか一〇〇〇ドルだったと思いますが、すぐ払ってほしいというデモをしたんですね。

それに対してフーバー大統領は、軍隊に命じて鎮圧をさせたのです。そのときの司令官がマッカーサーでした。マッカーサーは、ボーナス・アーミーは共産主義者が煽動《せんどう》していると、まったく根拠はなかったのですが、そういうことを主張して、徹底的に弾圧するんですね。幼児まで殺されたという記録が残っています。

それで全米でものすごい反発が起こって、フーバー大統領は、マッカーサーに取りやめを指示するんですね。しかし、マッカーサーはそれをいっさい無視して強行した。一般の人たちは、フーバー大統領が命令したんだと理解して、フーバー大統領の政治的生命は完全に終わってしまうわけですね。

当時、総参謀長がマッカーサーで、副官がアイゼンハウアーだったのです。アイゼンハウアーがずっと後になって、メモワールでこう言っています。フーバー大統領がマッカーサーに取りやめを二度命じた。その命令書をマッカーサーは破り捨てて、自分は忙しくて、こんなばかなものを読む時間はない、と言ったということです。アメリカの人たちの間での、マッカーサーについてのイメージは、この事件がいちばん大きな影響力をもっているんです。

ですから、朝鮮戦争のときも、マッカーサーがトルーマン大統領の命令を無視して鴨緑江を越えようとしたとき、トルーマンが即座にマッカーサーを解任したのも、この事件がベースにあったと言われています。この間の事情は、ハルバースタムが『ザ・コールデスト・ウインター　朝鮮戦争』で明かしています。

実はパックス・アメリカーナの話をすると言っても、こういう本が次から次と出て、とても今日はすべてをお話しできないと思ったわけです。ご清聴、ありがとうございました。

（拍手）

質問　たいへん貴重なお話、ありがとうございました。近年、日本でもグローバル化の影響、具体的には失業の増加や賃金の低下が議論になっています。その辺についてコメントをお願いいたします。

宇沢　グローバリズムという考え方自体が、じつは市場原理主義のいちばん重要な武器だったわけですね。

つまり、市場原理主義というのは、法律を変えてでも儲ける機会をつくるということなんですね。それを貫くという考え方をグローバリズムと言うわけです。それぞれの国は、歴史的な、慣行的ないろいろな制度を、雇用でも、あるいは経済取引でももっております。それをいっさい無視し、いっさい取っ払って、そして儲ける機会をできるだけ大きくしょうということです。これが市場原理主義の考え方です。

市場原理主義は、これはフリードマンに代表されるんですけれども、(自由主義を守るためには)水素爆弾を使ってもいいということを大きな声で主張していました。それが『ニューヨーク・タイムズ』に出て、(フリードマンと同じシカゴ大学にいた)私たちは非常に迷惑したこともあるんです。

ハイエクとナイトのモンペルラン・ソサエティの原点であるネオリベラリズムと、フリードマンの市場原理主義とは、混同されてなかなか区別がつかないと思うんですけれども、私は非常にはっきりした区別をもっています。

ネオリベラリズムは、私たちが理解できる思想の一つの流れで、その評価についてはさまざまな議論があるにせよ、重要な考え方だと思います。ところが、市場原理主義はそれをはるかに超えていて、儲けるために何でもやる、それを阻止するものがあれば水素爆弾を使ってもいい、と。そういうことをフリードマンは繰り返し主張していました。

私がシカゴにいたとき、フリードマンがそういうゴスペルを少人数の教授たちの集まりでやるんですけれども、そのときいつも、ナイト先生が難しい顔をして、黙って座っていました。あるときナイト先生が、主な教授を集めて、こういうことをおっしゃったんですね。「ミルトン・フリードマンとジョージ・スティグラーの二人は、私のところで勉強し、論文を書いた。しかし、最近の言動は目に余るものがある。今後、彼らが、私のところで勉強し論文を書いたと言うことを禁ずる」と。

実はナイト先生は「アメリカが原子爆弾を広島、長崎に落としたのは人類の犯した最大の罪である」とふだんから強く主張されていたんです。そして広島の原爆で両親を失った女の子を養女として、かわいがって育てていました。私たちが親しくしているときは、もう立派な娘さんに成長していました。ナイト先生の息子さんは、北大の低温科学研究所の教授でした。つまりナイト先生は、そういう点で非常にヒューマニスティックな立場を貫くという方だったんですね。

それに比べてフリードマンは、自由を守るために何百万人死んでも構わない、と。ヴェトナム戦争のときに水爆を使えと主張して、大きな非難を浴びました。この二人は決定的に違うように思います。ナイト先生は、数少ない大先生だと思います。ただ倫理的な、きびしい先生で怒り出すと手がつけられませんでした。（笑）

経済倶楽部講演（二〇一〇年一月八日）

第2部

右傾化する日本への危惧

第3章

昭和天皇とヨハネ・パウロ二世の言葉

私が初めて、昭和天皇にお目にかかったのは、一九八三年十一月のことである。私はたまたま、その年の文化功労者に選ばれた。戦前の文化勲章は、金鵄勲章と同じように終身年金をともなう勲章であったが、新しい憲法の下で、文化勲章と文化功労者とに分けられることになったのである。文化功労者の顕彰式の後、宮中に招かれて、昭和天皇からお茶をくださることになった。私はそれまで、天皇制に対して批判的な考え方をもっていて、そのことをよく口にしていたので、宮中に招かれることに対してつよい違和感をもたざるを得なかった。

宮中では、昭和天皇を囲んで、その年の文化勲章受章者と文化功労者が、一人ずつ順番に、何をしたかについて話すという行事がおこなわれた。最初に話をされた一人が、文化勲章の武藤清さんであった。武藤さんは、建築家で、日本で最初の超高層ビルを設計したことで知られている。武藤さんは、むずかしい専門用語を使って、地盤が必ずしもつよくない東京で、どのようにして安全な超高層ビルを設計したかをくわしく説明された。ところが、昭和天皇が身を乗り出されて、つぎのように言われたのである。

「君、地震のときは、上の階にいる人はたいへんだそうだよ」

私が昭和天皇のお言葉を直に聞いたのは、そのときが最初であった。ラジオで聴くのとはまったく違って、じつに気さくなお話の仕方で、親しい友人に話をされるような感じであった。武藤さんが設計された超高層ビルは柔構造であって、地震のとき、上の階に行くほど大きく揺れて、地震のエネルギーを吸収するようになっているが、揺れがひどくて、上の階に住んでいる人にはたいへんきびしいことを指摘されたわけである。昭和天皇のこのお言葉に対して、武藤さんは答えて、「建物は大丈夫です」。

昭和天皇が重ねて言われた。「建物は大丈夫でも、人間はたいへんだそうだよ」。

このお言葉に対して、武藤さんが「建物は大丈夫です」。

このようなやり取りが三回ほど繰り返されて、昭和天皇はとうとう諦めて、黙ってしまわれた。

私の順番が回ってきたとき、私は完全にあがってしまっていた。私はもともと、天皇陛下からお茶をくださるということで宮中にお伺いしたのであって、自分のこれまでの仕事についてお話をすることは考えてもみなかったからである。私は夢中になって、新古典派経済学がどうとか、ケインズの考え方がおかしいとか、社会的共通資本がどうのとか、一生懸命になってしゃべった。支離滅裂だということは自分でも気が付いていた。そのとき、昭和天皇は私の言葉をさえぎられて、つぎのように言われたのである。

「君！　君は、経済、経済というけど、人間の心が大事だと言いたいのだね」

昭和天皇のこのお言葉は、私にとってまさに青天霹靂《へきれき》の驚きであった。私はそれまで、経済学の考え方になんとかして、人間の心を持ち込むことに苦労していた。しかし、経済学の基本的な考え方はもともと、経済を人間の心から切り離して、経済現象の間に存在する経済の鉄則、その運動法則を求めるものであった。経済学に人間の心を持ち込むことはいわば、タブーとされていた。私はその点について多少欺瞞《ぎまん》的なかたちで曖昧にしていた。社会的共通資本の考え方についても、その点、不完全なままになってしまっていたのである。この、私がいちばん心を悩ましていた問題に対して、「経済、経済というけど、人間の心が大事だと言いたいのだね」という昭和天皇のお言葉は、私にとってコペルニクス的転回ともいうべき一つの大きな転機を意味していた。

このあと、部屋を替えて、大きな楕円形のテーブルで、昭和天皇を囲んで、食事をいただくことになった。私は、最年少者の一人だったので、いちばん末席で、世話役の入江侍従長のとなりだった。料理もすばらしかったが、そのとき出された日本酒がたいへん美味であった。私はその前の席での感激がまだ冷めやらず、……思わず杯を重ねてしまった。じつは、入江さんは、前からよく存じ上げていて、よくご一緒したことがあった。そこで、入江さんが笑いながら、

「今日は宇沢君のペースで飲みすぎてしまったよ」。

私が、「天皇陛下はなかなか魅力的な方ですね」と申し上げたところ、入江さんがすかさず言われた。

「君、あれを育てるのに千年かかったよ!」

私たちのこの会話を、昭和天皇は始終にこにこしながら聞いていらしたのである。

昭和天皇のお言葉に勇気づけられて、私はそれから二十年近くにわたって、社会的共通資本の考え方を中心として、人間の心を大事にする経済学の形成に力をつくした。この研究活動を評価していただいて、一九九七年、私は文化勲章を受章するという栄誉を受けた。

そのとき、私は、先の光景をなつかしく思い起こし、昭和天皇が、国民の象徴として、日本を「天皇を中心としている神の国」から「民主主義的ルールを重んずる国」に変えられ

るためにお心を使われてこられたことをあらためて心に刻み込んだのである。

ローマ法王と人間の心

社会的共通資本の考え方を中心として人間の心を大事にする経済学の構築をはかろうという私の研究が職業的経済学者の間で受け入れられるためには、それからかなりの年月を必要とした。その過程で、ローマ法王ヨハネ・パウロ二世からいただいた励ましのお言葉に対して、私は何と感謝してよいかわからない。

一九九〇年八月、私はローマ法王ヨハネ・パウロ二世から一通のお手紙をいただいた。一九九一年が回勅「レールム・ノヴァルム」が出されてから百周年に当たるので、新しい「レールム・ノヴァルム」を出すことになった。その作業に協力してほしいという内容であった。

回勅（Encyclical Letter）というのは、ローマ法王が、そのときどき、世界が直面するもっとも重要なことがらについて、ローマ教会の正式の考え方を全世界の司教に通達する文書のことである。同文通達と訳されることもある。一八九一年五月十五日、ときの法王レオ十三世が出された回勅は、「レールム・ノヴァルム」とよばれて、ローマ教会の重要な歴史的文書となっている。じつは、回勅の作成に外部者が参与したのは、ローマ教会二千年の歴史で私が最初だったということを、後になってから、ヴェネチア大学のイグナチオ・ムズ教授からお聞きして、感激したものである。

「レールム・ノヴァルム」（Rerum Novarum）はラテン語で、「新しいこと」という意味で、ときとしては「革命」と訳されたりすることもある。「レールム・ノヴァルム」は、十九世紀の最後の十年に入ろうとするとき、世界の先進工業諸国がいずれも、深刻な社会的、経済的、政治的問題を抱えていることを指摘し、新しい二十世紀に向かってもっとよい世界をつくるための心構えを示したものであった。

この第一の「レールム・ノヴァルム」の基本的な考え方は、そのサブタイトルとして用いられた「資本主義の弊害と社会主義の幻想」（Abuses of Capitalism and Illusions of Socialism）という言葉に端的に現れている。

レオ十三世は「レールム・ノヴァルム」のなかで、ヨーロッパをはじめとして、世界中いたるところで、いわゆる先進工業諸国ではいずれも、資本主義の制度のもとで、ごく少数の資本家階級が、富の大部分を私有して、「飽くことを知らないまでに貪欲に自らの利益を求めて」行動し、その結果、労働者をはじめとして一般大衆は徹底的に搾取され、貧困に苦しみ、悲惨な生き方を強いられていることを指摘されている。同時に、多くの人々は、社会主義に移行することによって、貧困と社会的不公正の問題は解決され、より人間的な、調和的な社会が実現すると思っているが、それはたんなる幻想にすぎないということをつよく警告された。社会主義のもとでは、人々の自由は失われ、その人間的尊厳は傷つけられ、市民の基本的権利は無視されざるを得ないことを指摘されているのである。

「レールム・ノヴァルム」が、ヨーロッパ、アフリカ、中南米の国々に大きな影響を与え、協同精神を唱えて、カトリック系の新しい労働運動も始まったことは周知の通りであろう。

ヨハネ・パウロ二世からのお手紙に対して、私は躊躇《ちゅうちょ》することなく、「社会主義の弊害と資本主義の幻想」（Abuses of Socialism and Illusions of Capitalism）こそ、新しい「レールム・ノヴァルム」の主題にふさわしいというお返事を差し上げた。そして、二十一世紀への展望を考えるとき、制度主義の考え方こそ人類が直面する問題を解決するための重要な概念で、それは、資本主義とか社会主義という、経済学のこれまでの考え方では決して解決できない。地球環境、医療、教育を中心とする社会的共通資本の問題をもっと大切に考えて、一人ひとりの人間が人間的尊厳を守り、魂の自立をはかり、市民的自由を最大限に発揮できるような安定的な社会を求めて、私たちは協力しなければならないことを強調した。

ヨハネ・パウロ二世は、私の提案をたいへんよろこばれ、直接お目にかかって、ご進講する機会をもつこともできた。ヨハネ・パウロ二世は、地球温暖化についてもたいへん心を悩まされ、私が提案している比例的炭素税にもとづく大気安定化国際基金の構想に対しても、つよい関心を示された。

あるとき、ヨハネ・パウロ二世のお部屋で、ごちそうになったことがある。私は、美味なワインを心ゆくまで飲んで、すっかりいい気持ちになった。テーブルでは、医療とか、教育とかの社会的共通資本の管理は、どのような基準にしたがっておこなったらよいかということが話題になった。私はもともと、社会的共通資本の管理について、それぞれの職業的専門家の集団が、職業的規律と専門的知見にもとづいておこなうべきであるという持論をもっている。そのことをお話ししたあと、ヨハネ・パウロ二世につぎのような意味のことを申し上げた。

「いま、人々の魂は荒廃し、心は苦悩に侵されている。この世界の危機的状況のもとで、あなたは倫理を専門とする職業的専門家として、もっと積極的に発言しなければならない」

ヨハネ・パウロ二世はにこにこしながら、言われた。

「この部屋で、私に説教したのは、お前が最初だ」(You are the first to preach me here!)

それから何年かして、私は、昔シカゴ大学で私の学生だった人から一通の手紙を受け取った。かれはアルゼンチン出身の学生で、いまは故国に帰って、指導的な経済学者になっている。その手紙には、かれがヨハネ・パウロ二世に招かれて、ご進講したときのもようがくわしく記されていた。ヨハネ・パウロ二世が私の社会的共通資本の考え方を披露して、私のことをザ・ブッディスト（The Buddhist）とよんでおられるというのであった。私は大いに、面目を施したという思いであった。

第一の「レールム・ノヴァルム」からちょうど百年経った一九九一年五月一日、新しい「レールム・ノヴァルム」がヨハネ・パウロ二世によって出された。それは「社会主義の弊害と資本主義の幻想」（Abuses of Socialism and Illusions of Capitalism）を主旋律とした感動的な文書である。社会主義のもとで、人々の自由は失われ、市民の基本的権利は完全に無視されて、多くの人々はまさに塗炭の苦しみを味わいつづけてきた。しかし、安易に資本主義に移行しても、問題は決して解決されない。ヨハネ・パウロ二世はさらに、社会主義と資本主義とを問わず、過去半世紀にわたる経済発展の結果、自然環境の破壊が地球的規模にまで拡大化されてきたことを深く憂慮されて、私たち経済学者に対してつぎのような設問を投げかけられたのである。それは、資本主義と社会主義という二つの経済体制を超えて、すべての人々の人間的尊厳と魂の自立が守られ、市民の基本的権利が最大限に確保できるような経済体制は、どのような特質をもち、どのようにすれば具現化できるのか、という問題提起である。

このヨハネ・パウロ二世が提起された問題に答えて、理想的な経済体制を特徴づけるのは、一世紀前、ソースティン・ヴェブレンが高らかに唱えた制度主義の考え方である。二十一世紀への展望を考えるとき、人類が直面している重要な問題はいずれも、資本主義とか社会主義という経済学のこれまでの考え方では解決できない。制度主義の考え方を具現化した社会的共通資本を大切にして、一人ひとりの人間が人間的尊厳を守り、魂の自立をはかり、市民的自由を最大限に確保できるような安定的な社会を求めて、人々の協力と協調が求められている。社会的共通資本の考え方が、きたるべき二十一世紀の苦難の時代を生きるために、中心的な指導原理としての役割をはたすことは間違いないといってもよいであろう。

参考文献：宇沢弘文『地球温暖化を考える』『社会的共通資本』ともに岩波新書

第4章

戦争の傷を抱えた経済学者

キース・フリアソンの死を悼む

日本でキース・フリアソンの名前を知っている人は少ないと思うが、戦後のオーストラリアを代表するすぐれた経済学者である。キース・フリアソンは、かつて私の同僚であったこともあり、また私にとって真に心を許せる数少ない友人の一人であった。東京である国際会議に出席したとき、たまたま、WTO（世界貿易機関）の事務局次長をしているゲーリー・サムソン君から、キース・フリアソンが一九九九年の十一月に亡くなられたことを聞いた。サムソン君はジュネーヴからわざわざ、フリアソンの故郷パースで開かれたお葬式に参列したが、フリアソンのお葬式はかつてないほど盛大なものだったそうである。

キース・フリアソンに初めて会ったのは、一九六〇年代の半ば、ケンブリッジ大学のジョーン・ロビンソンのセミナーであった。当時、ケンブリッジのピエロ・スラファ、ジョーン・ロビンソンたちと、MIT（マサチューセッツ工科大学）のポール・サミュエルソン、ロバート・ソローを中心とする経済学者たちとの間で、資本の概念をめぐって激しい論争が展開されていた。英米の違いはあってもどちらの大学もケンブリッジにあったので、ケンブリッジ対ケンブリッジ論争（Cambridge versus Cambridge Controversy）として、資本理論で歴史的な意味をもつことになった。

ジョーン・ロビンソンのセミナーといったが、正確には、ケインズが主催した研究会ケインズ・サーカス（Keynes' Circus）を継承したもので、秘密のセミナー（Secret Seminar）とよばれていた。毎週火曜日の夜、九時頃から、キングス・カレッジの地下の薄暗い一室で開かれた。志を同じくする限られた経済学者だけの集まりで、秘密結社の集会のような雰囲気をもっていた。司会はいうまでもなく、ケインズの第一番の高弟であるリチャード・カーンがしたが、主に発言するのはジョーン・ロビンソンであった。議論が紛糾すると、ジョーン・ロビンソンがリチャード・カーンに向かって、「リチャード、お黙りなさい」（Shut up, Richard!）とはげしい言葉で叩きつけるようにいう光景もしばしばみられた。そのようなときには、リチャード・カーンはかならず、顔を赤くして、黙ってしまうのが常であった。リチャード・カーンは、当時のイギリスでもっとも尊敬され、また懼《おそ》れられていた経済学者であった。すでに爵位をもっていたので、学生たちは、プロフェッサー・ロード・カーン（Professor Lord Kahn）と二重の敬称をもってよんでいた。しかも、セミナーではだいたい、リチャード・カーンのいうことが正しく、ジョーン・ロビンソンのいうことは間違っているとしか思えなかった。しまいには慣れてしまったが、初めの頃はたいへんなショックであった。

私はその頃、イーディス・ペンローズの名著『企業成長の理論』に夢中になっていた。ペンローズの資本の概念を使って、投資関数をつくり直して、ケインズの『一般理論』を、動学的不均衡の理論的枠組みのなかで再構築するという作業に従事していた。私の考え方にリチャード・カーンは全面的に賛成であった。というよりは、私がある一つの考え方なりアプローチを話すと、それは、ほとんどの場合、リチャード・カーンが昔考えていたことと一致していた。キングス・カレッジの、これも薄暗いリチャード・カーンの部屋で議論をするとき、リチャード・カーンはかならず、大学ノートを何冊も綴じた分厚いファイルを用意していた。私が何か話すと、かれはかならず、自分も同じようなことを考えたことがあるといって、その分厚いファイルのページをめくるのであった。ようやく見つけると、あったといってうれしそうに、該当箇所を指さして、私に読むようにいうのであった。あるときは、同じ箇所に、有名な流動性選好（Liquidity Preference）の考え方を初めて考えついたノートがあって、リチャード・カーンは懐かしそうに丁寧に目を通すということもあった。

私はほとんど毎日のように、ジョーン・ロビンソンとリチャード・カーンと会って、二人の間の考え方の調整をするのに専念していた。しかし、ジョーン・ロビンソンは、なかなか私たちの考え方を理解しようとしなかった。

ジョーン・ロビンソンと会うときには、キース・フリアソンが一緒のことが多かった。キース・フリアソンは、ジョーン・ロビンソンの考え方にすっかり傾倒していて、ジョーン・ロビンソンの第一の使徒をもって任じていた。とくに、資本論争については、理論的、解析的な面にかんして、ジョーン・ロビンソンを補佐する役割を担っていた。資本論争について、私は絶えず、キース・フリアソンとはげしい議論を交わしていたが、それはいつの間にか、かつての旧制高校時代のような友情に変わっていった。

キース・フリアソンはたしか、私より四歳年上であった。戦争中、大学を卒業して、すぐオーストラリア空軍に志願して、戦闘機のパイロットになった。大学では数学を専攻し、ラグビー部に所属していた。この点、私の場合と似ているが、キース・フリアソンは、どちらについても、群を抜いた出来栄えであった点が違っている。ビールが好きだという点も似ていた。私たちは、しょっちゅう会って、経済学に限らず、いろいろなことを話し合ったものである。

ところが、あるとき、話題が戦争中のことにふれたことがあった。そのとき、キース・フリアソンの顔が急にきびしくなって、日本軍の凶暴さ、残酷さがいかにひどいものであったかを語り、それはすべて、「教育勅語」に則って、当時の文部省が編纂した『国体の本義』にもとづく教育が徹底しておこなわれていて、日本人は、「天皇のために」なら、どんな残酷なことも、非人道的なことも平気でおこなうのだというのであった。たしかに戦前、戦中はそうであったが、今は違うと言っても取り上げなかった。キース・フリアソンは、『国体の本義』をくわしく読んでいて、その内容について精通していた。じつは、それまで、私は『国体の本義』を読んだことがなかった。『教育勅語』もただ暗唱するだけで、その内容を考えたことはなかった。キース・フリアソンから教えてもらって、改めてその「非道さ」を知ったのである。

それから何年かして、私は、キース・フリアソンに招かれて、オーストラリアのモナッシュ大学にしばらく滞在したことがある。そのとき、かれの同僚から、フリアソンが戦争中、日本軍の捕虜となって、酷い拷問にあって、身体的にも、精神的にも、トラウマに等しい傷を受けたということを知った。その傷がもとで、キース・フリアソンは、ラグビーをすることができなくなってしまったというのである。

戦争中、日本軍がオーストラリア軍将兵の捕虜に対してとった処遇は、世界の戦争の歴史の中でも、もっとも苛酷なものの一つだったといわれている。第二次世界大戦を通じて、ヨーロッパ戦線における捕虜の死亡率は約五%であった。シベリアの捕虜収容所に抑留された日本軍の将兵の死亡率は一二から一五%であった。ところが、東南アジアにおける日本軍の捕虜収容所の捕虜の死亡率は二五から二七%であったと推計されている。じつに、四人に一人が、捕虜収容所で死んだのである。その大部分は、オーストラリア軍の将兵であった。

戦後、長い間、オーストラリアには、根づよい反日感情が残っていた。それは、日本軍の捕虜収容所におけるオーストラリア軍将兵の虐待がもっとも大きな原因であった。そして、「天皇を中心としている神の国」としての日本のイメージが、それに大きく重なっていたからである。この根づよいオーストラリアの反日感情もいまではかなり和らいできた。そのもっとも大きな要因は、さまざまな分野におけるオーストラリアにおける民間人の活躍にある。民間の技術者、産業人たちが、日本のすぐれた製品、技術、文化を世界に広め、オーストラリアにおける「天皇を中心としている神の国」のイメージを払拭して、新しい民主主義的な国としての日本のイメージを確立するために、血のにじむような努力と苦労を重ねてきたからである。しかし、自ら日本軍の捕虜となって、酷い拷問にあって、身体的にも、精神的にも深い傷を受けたキース・フリアソンの場合は違っていた。

私は、何度か、キース・フリアソンを日本に招いたのであるが、かれは、頑として、日本に来ることを拒否しつづけた。かれの訃報を聞いたとき、かれに一度、日本の自然、文化、社会を見せたかったと、心から残念に思ったものである。ちなみに、キース・フリアソンの訃報を伝えてくれたゲーリー・サムソン君は当時キース・フリアソンに師事していたモナッシュ大学の学生の一人で、キース・フリアソンのアドバイスで、シカゴ大学に留学することになった人である。

私がモナッシュ大学にいたときに、日本から稲田献一さんが招かれて、ゲスト・プロフェッサーとして、しばらく滞在された。じつは、稲田献一さんは、旧制一高のラグビー部の名選手だった人で、私にとって「こわいキャプテン」であった。しかも、東大では、数学を専攻された。キース・フリアソンとはすぐ、百年の知己といった関係になって、二人で一緒によくラグビーの試合を見に行っていた。オーストラリアには、プロのラグビーがあることをそのとき知った。キース・フリアソンは、プロのラグビー・チームをもっていて、自分のチームの試合には欠かさず見に行っていたが、私は招かれたことはなかった。それは、私が旧制一高ラグビー部で、迷選手といわれていて、私の出た試合で勝ったことがなかったという伝説を稲田さんから聞いていたからである。稲田さんは、戦後の日本における代表的な経済学者で、数多くのすぐれた研究業績を残された方であるが、二〇〇二年五月に亡くなられた。

あるとき、キース・フリアソンのラグビー・チームが優勝するという快挙があって、私のいたカレッジで、そのお祝いをしたことがあった。キース・フリアソンが、学生をおおぜい連れてきて、美味なオーストラリア・ワインで祝杯をあげた。キース・フリアソンは、学生と一緒に飲み過ぎて、とうとう、その晩、カレッジの私の部屋で寝込んでしまった。私はしかたなく、カレッジのライブラリーで一晩過ごした。たまたま手にした一冊の書物を読み出したところ、おもしろくなって、とうとう明け方まで寝ないで読み通してしまった。フランク・ハーディー（Frank J. Hardy）という人の書いた『栄光なき権力』（*Power Without Glory*）という書物である。主人公は、メルボルンの貧しい家に生まれ、少年時代は貧民街で苦労して育ち、暗黒世界のボスに成り上がった。やがて、政治家となり、メルボルンの政治を支配し、最後にはメルボルン州の首相になるが、汚職が発覚して、首相を解任されるという筋であった。これは、二十世紀の初頭、オーストラリアに実在した人物

第4章 戦争の傷を抱えた経済学者

をモデルとしたもので、ベストセラーになった書物である。当時、有罪の判決を受ける直前の田中角栄を髣髴（ほうふつ）とさせる話であった。じつは、このあと、モデルとなった人物の子孫が、著者のハーディー氏を名誉毀損で告訴する事件が起きた。ハーディー氏が無罪を勝ち取るまで、何年もかかった。ハーディー氏は、その間の経緯を『きびしい道』（The Hard Way）として出版したが、この本もまた、ベストセラーになったのである。

キース・フリアソンの場合は例外ではない。アジアのいたるところで、第二次世界大戦中、日本軍の凶暴さ、残酷さがいかに酷いものであったか、その記憶は、戦争が終わって五十年以上経っても、人々の記憶に生々しく残っている。つい最近も、日本軍が、中国に残した七十万発におよぶ化学爆弾が、五十年経った今なお、未処理のままになっているというニュースが大きな話題になっている。

「教育勅語」に則って、『国体の本義』にもとづく教育を徹底して受けた日本人は、「天皇のために」どんな残酷なことも、非人道的なことも平気でおこなうのだということが、人々の心の奥深く刻み込まれている。二〇〇〇年五月に森喜朗首相が「日本は『天皇を中心としている神の国』」であると発言したことは、アジアの多くの人々に過去の悲惨な記憶を呼び戻し、日本に対する不信感、不快感をいっそうつよめることになったのである。

二〇〇〇年七月、沖縄で開かれたサミットについても、外国の新聞、テレビは嘲笑的に取り扱うだけであった、それも畢竟《ひっきょう》、「天皇を中心としている神の国」という無責任きわまりないことを平気で発言する人物を政治の最高責任者としてもつ日本国に対するつよい不信感の現れである。

ツヴィ・グリリカスの死を悼む

キース・フリアソンの訃報《ふほう》を聞いた同じ頃、ツヴィ・グリリカス（Zvi Griliches）が、これも、一九九九年の十一月に亡くなったことを知った。私は当時の数年間、隠遁者《いんとん》のような生活をしていて、外部との接触をほとんどもたなかった。ツヴィ・グリリカスの訃報も、アメリカの全米科学アカデミー（National Academy of Sciences）の会報で知ったのである。

ツヴィ・グリリカスは、エコノメトリックスの分野で、たんにアメリカだけでなく、世界でもっともすぐれた業績を残した経済学者の一人であるといってもよい。ツヴィ・グリリカスはシカゴ大学で、T・W・シュルツ教授のもとで、トウモロコシの生産における研究・教育投資の役割にかんして、洞察力に富むすぐれた博士論文を書いた。学内インブリーディング（Inbreeding）を禁止するルールにもかかわらず、そのままシカゴ大学に残って教授となり、その後、ハーヴァード大学に移った。グリリカスと私とは、同世代でもあり、また、家も近かったので、家族同士で親しくしていた。キース・フリアソンとならんで、私にとって真に心を許せる数少ない友人であった。

ツヴィ・グリリカスは、リトアニア生まれのユダヤ人であった。たしか七歳か八歳のとき、ソ連のユダヤ人収容所に入れられ、そのまま、ナチドイツの収容所に移された。戦後アメリカ軍に救出されたのは、悪名高いダコウ（Dachau）の収容所であった。その間、家族はほとんど全員殺され、残ったのは、妹一人だったという。かれはよく自嘲的に、自分は、第二次世界大戦を通じて、世界でいちばん長い期間収容所に入っていたというのであった。

グリリカスはその後、アメリカに渡って、カリフォルニア大学バークレーに学んだ。バークレーを最優秀の成績で卒業し、シカゴ大学で、T・W・シュルツ教授のもとで学ぶことになったのである。グリリカスとはしょっちゅう、ビールを一緒に飲んだが、かれが口癖のようにいう言葉があった。

「自分がバークレーで最優秀の成績を挙げることができたのは、小学校にも、中学にも、高校にも行かなかったからだ」

かれはそのとき、顔では笑っていたが、その目は悲しみにみちあふれていた。

グリリカスは、世界のどこかに、ホロコーストを生き残った親族がいるという噂を耳にすると、どんな遠いところでもすぐ会いに出かけていったものである。ソ連国内か、東欧の社会主義の国の場合が多く、会うことができないか、あるいは会っても、親族であることを決して認めようとしないのが通例だった。当時、社会主義の国々では、ホロコーストの犠牲になったユダヤ人が親族のなかにいることがわかると、たいへんな差別を受けることになるからであった。そのようなとき、グリリカスは帰ってきてからも、何日か、暗い顔をして、仕事が手につかない状態だった。

あるとき、グリリカスが、父方の親族の一人がホロコーストを奇跡的に生き残って、モスクワに住んでいると聞いて、いそいそと出かけていったことがある。グリリカスがモスクワから帰ったのは金曜日の夕方で、経済学部での恒例のビール・パーティをしていた最中であった。グリリカスが入ってきたとき、その暗い、沈んだ顔を見て、私は即座にやっぱり今度も駄目だったと直感した。

そのとき、ドイツ人の若い経済学者が、みんなを前にして滔々《とうとう》としゃべっていた。ユダヤ人は、みんなと違った生き方をしている。食べるものも違うし、文化的な雰囲気も違う。休日もみんなと違っている。このような生き方をしているユダヤ人が、ドイツの社会で差別されるのは当然である。

かれは、国際経済を専門としていたが、日頃、「天皇を中心とする神の国」の考え方に共感をもち、公言してはばからなかった。かれはまだテニュア（tenure　身分保障）のない助教授（Assistant Professor）で、なんとかテニュアを得たいと思って、国際経済担当のハリー・ジョンソンに媚《こ》びて、はたでみるのも悲しいほど卑屈な努力をしていた。かれは、ハリー・ジョンソンが反ユダヤ人的性向をもっていると信じていたのである。

私たちは言うべき言葉もなく、唖然として聞いていた。グリリカスの悲痛な表情は見るに堪えなかった。そのとき、ミゲル・シドラウスキーという学生が敢然と立ち上がって、ドイツ人の経済学者の主張を批判して、徹底的に論破したのである。シドラウスキーは、ブエノスアイレス出身のユダヤ人であった。幼いときに父親を亡くし、家政婦をしていた母親に育てられた。ブエノスアイレス大学を優秀な成績で卒業し、シカゴ大学に留学した。まれに見る才能と人間的誠実さを兼ね備えた学生だった。国際金融を専門としていて、かれの博士論文の指導委員会は、委員長が私で、ハリー・ジョンソンと例のドイツ人の経済学者がメンバーであった。私は、シドラウスキーの知的誠実さとその勇気に大いに感動した。

その翌週の初めの教授会で、件のドイツ人の経済学者のテニュアが議題に上ったが、だれ一人賛成の意見を述べる教授はいなかった。その後、間もなく、かれは、私たちの視野から完全に消え失せてしまった。シドラウスキーは、すぐれた博士論文を仕上げて、MITの助教授になった。国際金融の分野で、輝かしい将来を約束されていたが、二十八歳の若さで、この世を去ってしまった。

グリリカスは、家庭的にも恵まれなかった。とくに、唯一の男の子が、出生時の医療過誤で、重度の身体障害者になってしまったことは、かれの心に重い負担になっていた。ハーヴァード大学に移ってからも、私たちはしょっちゅう会っていたが、かれがまず話題にしたのは、その子がいまどういう生き方をしているかについてであった。同じような障害をもつ子どもたち数人が一軒の家を借りて、お互いに助け合って生活するようにアレンジしたのもグリリカスだった。あとになって知ったのであるが、その子が亡くなって間もなく、グリリカスも亡くなったという。

グリリカスは、戦争放棄を謳った日本の平和憲法を人類の生んだ最高のものとして高く評価していた。戦争で滅茶苦茶にされてしまった自分の一生を振り返って、この平和憲法が、世界で共通のものとなることをつよく希求していた。しかし、「天皇を中心とする神の国」の考え方が生きつづけている日本の現状に対して、グリリカスはきびしく批判的であった。あるとき、私たちが霞が関近辺を歩いているときに、右翼暴力団の装甲車風のトラックの列が大声を挙げながら通り過ぎた。その意味をかんたんに説明したとき、かれの表情はとたんに暗く、軽蔑と恐怖を綯《な》い交ぜにしたものに変わったのである。

戦争が終わって半世紀の年月が流れた。しかし、戦時中、アジアのいたるところで、「天皇」の名の下に日本軍が犯した残酷、残忍な行動は、人々の心につよく刻み込まれている。その心の傷が癒されようとするとき、決まって自民党の心ない政治家がアジアの人々の心の傷をかきまわすような発言をして、戦時中、日本軍が犯した残酷、残忍な行動を改めて思い起こさせ、その記憶を新たにさせる。二〇〇〇年五月の森喜朗首相の「天皇を中心とする神の国」発言も、このような効果をもっている。とくに、現職の総理大臣の発言であって、しかも、繰り返し、発言を撤回しない旨、公言して憚《はばか》らない点、日本に対する不信感、軽蔑感をかつてないほど高めている。このことが日本の国民全体にどれだけ大きな重荷となり、足枷《あしかせ》となっているか、そのことに森喜朗氏は気づかないのだろうか。

初出：「シンクネット・センター21　研究レポート№3」二〇〇〇年十月

第3部

60年代アメリカ

——激動する社会と研究者仲間たち

第5章

若き友人たちを巻き込んだヴェトナム戦争

私がアメリカの大学にいたのは、一九五〇年代の半ばから一九六〇年代の終わりにかけてであるが、この期間はアメリカの歴史の中でもっとも変動の多いときの一つではなかったかと思う。一九五〇年代を通じて、アメリカ経済は、繁栄の高原と呼ばれるような安定的な状態にあったが、マッカーシー旋風の影響もあって、当時の大学生たちは、私にとって信じられないほど、政治的・社会的問題について無関心であった。しかし、一九六〇年代に入るとともに公民権運動などを通じて、学生たちの政治意識がにわかに高まり、やがてアメリカのヴェトナムへの軍事的介入がエスカレートするとともに、全国的な規模での反戦運動が展開されることになった。この大きな潮流に、私の身辺にいた学生たちもつぎつぎに巻き込まれていった。そして学問的能力にすぐれ、社会的正義感のつよい学生ほどヴェトナム反戦運動に深く関わって、その多くの人々は、大学を去って、経済学の研究者になることを断念するか、あるいはアメリカで生きること自体を否定せざるを得ないような状況に追い込まれていった。

まだアメリカ全体が一九五〇年代のアイゼンハウアー的逸楽と政治的無気力に特徴づけられていたとき、マッカーシズムの波に一人で敢然と挑戦したE君に教えられるところが多かった。E君はスタンフォードのもっとも優秀な大学院生の一人であったが、アメリカ社会の底辺に苦しんでいる人々に対して深い共感と強い関心をもち、所得分配の問題を無視する、当時支配的であった新古典派の経済学に対して鋭い批判を展開していった。「新中国における中央銀行の分析」というユニークなテーマを掲げて博士論文を書いていたが、完成寸前に警察に逮捕されたのである。警察のフレームアップであるとしか思えない事件であったが、E君はそのまま大学を去らざるを得ないことになってしまった。

E君の指導教授であったジャック・ガーリーは精力的にE君の弁護をされたが、それも空しかった。ジャック・ガーリーは当時代表的な新古典派の経済学者の一人であったが、その後もっともきびしい批判者となり、毛沢東思想に全面的に傾倒し、アメリカにおける数少ない中国経済研究の専門家となっていったのも、E君の事件が無縁ではないように思われるのである。

E君とスタンフォードで同じ金融論を専攻していたA君のことは別の意味で忘れることができない。A君はシカゴの貧しい母子家庭に育った黒人の青年であるが、「見えざる男」(*Invisible Man*)の主人公を髣髴させるような人物であった。二十四歳でバークレーの助教授になったが、「見えざる男」の主人公そのままに、アメリカ社会に根強く存在しつづける黒人に対する差別観と戦いながら、何度かの精神錯乱を経て、杳《よう》として消息を断ち、私たちの視野から消え去ってしまった。ヴェトナム戦争の拡大に伴って、このような現象はもはや孤立した個別的なものではなく、若い研究者、学生をすべて巻き込んだ大きな社会的な流れとなっていった。私はその頃スタンフォードからシカゴ大学に移ったのであるが、シカゴが一時期、反戦運動の一つの核を形成していたこともあって、とくにつよく感じたのかもしれない。

F君はシカゴ大学の大学院生であったが、これまで知ることのできた数多い学生の中でも、F君ほどすぐれた分析的能力と洞察力をもった学生を知らない。しかもF君は謙虚な人柄で、友人たちが多く反戦運動に関わってゆく過程で、徴兵忌避を目的として、西部の大学に助教授として赴任していった。しかし、ヴェトナム戦争が生み出した社会的混乱の中で、自らの選択に悩み、大学を去って、放浪的な生活を始めた。その後しばらくはかつての友人であった人たちからF君の断片的消息を聞くことがあったが、いまでも放浪の旅にあってひとり苦しんでいるのではないだろうか。

その時期、シカゴ大学で親しくしていた仲間の一人にC君といって、アメリカ人にはめずらしく、おとなしく、控えめな学生がいた。かれは、ヴェトナムでのアメリカ軍の残虐行為を自分自身がやっていると思い込みはじめた。やがて頭がおかしくなって、故郷のオレゴン州に帰っていった。かれの家は、オレゴン州で有数の山林地主で、自分の家の山の中に小屋を建てて、一人で住んでいると風の便りに聞いたことがある。

二十年以上も経ってから、私がまだ東大にいたころのこと、ある日、C君が何の予告もなく、突然私の研究室に現れたことがある。どういう用事で日本に来たのかと聞くと、お前に会うためにやって来たという答えだった。その日の晩、私の家に食事に招いたが、ほとんど何も食べず、話しかけてもあまり答えず、ふわっとした感じで幽霊と向き合っているような薄気味の悪さを感じたものである。それから一年ほど経って、同じシカゴ大学の学生だった日本人の経済学者と一緒になる機会があって、C君が訪ねてきたことを話したところ、C君はもう大分前に亡くなったという。私はそのとき、上田秋成の『雨月物語』を読む思いだった。ちなみに、この日本人の経済学者もすぐれた才能をもった学生だったが、ヴェトナム戦争の奔流に巻き込まれ、自らを見失い、数奇な思想的遍歴を経た。そのかれも、その後間もなく、風邪をこじらせて、あっという間に亡くなってしまった。

当時シカゴ大学の学生だったM君のことも私の心に深い傷として残っている。M君はおそらく、私がこれまで知り合った学生のなかで、もっともすぐれた学問的能力をもった学生だった。シカゴ大学で博士号を取ってすぐ、ある州立大学の助教授になった。彼はアメリカ人だったが、ヴェトナム戦争に関わる私の苦しみを、自らの苦しみとして受け止めて、ともに悩んでくれた。勤めていた州立大学を突如辞めて、東京にやってきた。一年ほど、一人で修行僧のような生活をしていたが、やがてアメリカに帰って、山のなかに入ってしまった。その後、かれの姿を見かけたという友人が何人かいたが、この十年以上、かれの消息は絶えてない。

すぐれた才能をもち、するどい社会正義の感覚をもっていた経済学の学生の多くがヴェトナム反戦運動に関わって、姿を消してしまったのであるが、かれらが残っていたら、アメリカの大学の経済学はまったく違った姿になっていたに違いない。それよりも心残りなのは、これらの人間的魅力にあふれた数多くの学生たちが、ヴェトナム戦争の奔流に巻き込まれて、悲惨な人生をおくり、なかには、若くして、この世を去ってしまった人も少なくない。私はその責任の一端を負いながら、かれらの苦難を救うために、何もすることができなかったことに対して、つよい心の呵責《かしゃく》を感じざるを得ない。

参考文献：宇沢弘文『日本の教育を考える』岩波新書

第6章

レオン・フェスティンガーを偲ぶ

レオン・フェスティンガーが亡くなったという知らせを受け取ったのは、二〇〇〇年の夏、スウェーデンにいた頃であった。レオン・フェスティンガーは、私がスタンフォード時代、もっとも親しくしていた人である。第二次世界大戦後のアメリカの心理学に革命的な影響を与えたコグニティブ・ディソナンス（認知的不協和）の概念をつくった心理学者で、アメリカ陸軍のチーフ・サイコロジスト（Chief Psychologist）でもあった。しかし、ヴェトナム戦争の激流に巻き込まれ、カフカ的転身をするという壮絶な人生を送った。

以下の文章は、岩波書店の『文学』編集部から頼まれて、大江健三郎さんのノーベル文学賞の受賞を祝って書いたものであるが、レオン・フェスティンガーのことが中心になってしまった。ここに再録して、レオン・フェスティンガーを偲び、改めてかれの冥福を祈りたい。

大江健三郎、安部公房、レオン・フェスティンガー

「大江健三郎、ノーベル文学賞を受ける」というニュースを聞いて、先ず私の心に浮かんだのは、いまから三十年近くも前、初めて大江健三郎の作品に接したときのことである。私は当時、アメリカのスタンフォード大学で経済学を教えていたが、大江健三郎の作品の英訳を読んで深い感動を覚えたことをつい昨日の出来事のように鮮明に思い出す。じつは、作品名は忘れてしまい、その感動だけが鮮明に残っている。この文章を書くために探してみたが、その英訳本はずっと手許にあるはずなのに、どうしても見当たらない。

私はその頃、同じスタンフォード大学の心理学の教授で、レオン・フェスティンガーという人と親しくしていた。家が近い故もあって、家族ぐるみでしょっちゅう行き来していた。レオン・フェスティンガーは、戦後アメリカの心理学に彗星のように現れた天才的な学者で、スタンフォードのスター・プロフェッサーであった。とくに、コグニティブ・ディソナンスという概念をつくって、群衆暴動が生成される心理的プロセスをみごとに分

析して、行動科学としての社会心理学の基礎を形づくったことで知られている。当時すでに、経済学のミルトン・フリードマン、心理学のレオン・フェスティンガーと、並び称せられていた。

大江健三郎の名前を知ったのはフェスティンガーからであった。じつは、その前に、これもフェスティンガーにすすめられて、安部公房の英訳を二冊ほど読んでいた。安部公房と大江健三郎の作品から受けた感銘は、衝撃的であった。そのしばらく前に、六〇年安保の闘争があった。アイゼンハウアー大統領の訪日を断念させた事件であるが、アメリカの社会に与えたショックは大きかった。政治的、軍事的にアメリカの属国と思われていた日本が、敢然として政治的独立を宣言したのが、六〇年安保の運動であった。ハガティー事件、それにつづくアイゼンハウアー大統領訪問中止の報道を知ったのは、たまたまスタンフォード大学のカフェテリアで、渡部経彦君（経済学者）と一緒に昼食をとっていたときだった。二人でパックス・アメリカーナの崩壊への大きな道が開かれつつあることを喜びあったことをいま改めて懐旧の念をもって思い起こす。

安部公房、大江健三郎の作品が相次いで英訳されたのは、六〇年安保の衝動がアメリカの社会を大きく揺り動かしてから間もなくのことであった。しかし、安部公房、大江健三郎が与えた衝撃の大きさは、六〇年安保の比ではなかった。それは、日本が、文化的、思想的な面で、アメリカをはるかに超えて、新しい時代の先導者としての役割を果たすことを示唆し、また世界がそれに対して同調せざるを得ない条件をつくり出したからである。恥ずかしいことではあるが、このような世界的状況が形成されつつあるということを、私はまったく気付かなかった。安部公房を読み、大江健三郎を読んだのも、フェスティンガーに言われてだったことは、いまでも思い出すたびにいささか心重いものがある。

安部公房の書いたものはむずかしかった。一つには、私自身が忘れ去り、捨てようと思って必死になってあがいていた心理的条件が繰り返し強調されていて、一種救いのない状況をつくり出していたからであった。その点、大江健三郎の作品は、明快で、無邪気であった。日本が戦争の荒廃、破壊から立ち上がることができた、平和と人権のスローガンをそのまま信じて、新しい理念的な社会への展開を歴史的必然として受け止めて、その方便として文学を選択したということは、私にとって、また同世代の人々——日本だけでなく、世界中の人々——にとってつよい期待と希望を与えるものであった。

レオン・フェスティンガーは安部公房に完全に傾倒していった。それは一つには、安部公房の作品はすべて、かれのコグニティブ・ディソナンスの理論をそのまま具現化するものであったからである。それに比べると、大江健三郎の作品は、平均的なアメリカの進歩的市民がもっていた思想的、政治的枠組みをもってして理解できたからである。

フェスティンガー自身、安部公房の作品に魅せられて、日毎に「おかしく」なっていった。かれの理論的、抽象的理念が、安部公房の主人公に具現化されて、かれ自身、その主人公と一心同体であるという錯覚にとらわれていったのではないだろうか。と同時に、フェスティンガーは日本に対してつよい憧れをもつようになっていった。それはもちろん安部公房に対する傾倒によるものであった。フェスティンガーが、日本に魅せられて、日本行きを志したとき、私の妻がかれの日本語の教師となった。妻は、私よりずっとすぐれた知的、技術的能力をもっていたし、また女性としても魅力的な存在であった。フェスティンガーにとって、私の妻は「砂の女」のような存在であったのかもしれない。フェスティンガーは日本に着いてすぐ、『砂の女』を観にいって三回続けて観てしまったという。そのとき『砂の女』の主演を演じた女優は、私の妻と学生時代からずっと一緒だった人であった。

フェスティンガーは、一年間客員教授として東京大学に行くことになったが、東京大学の悲惨な状況も結局、かれがもっていた、安部公房に集約される日本への夢をさますことはできなかった。

フェスティンガーが日本から帰ってきた頃、アメリカはヴェトナム戦争の泥沼に落ち込みはじめた。フェスティンガーは、コグニティブ・ディソナンスの心理学者として、アメリカ陸軍のチーフ・サイコロジストとしての役割を果たしていた。かれの理論がみごとにヴェトナムで応用されているのを知ったときのフェスティンガーの苦悩はじつに痛ましいものがあった。

ケネディ大統領が暗殺され、ジョンソン大統領がヴェトナム戦争に全面的に介入しはじめてからしばらくして、レオン・フェスティンガーはある日、突如としてスタンフォードのキャンパスから姿を消した。魅力的な奥さん、三人の子ども、数多くの友人たち、そして、スタンフォード大学のスター・プロフェッサーの地位をすべて投げ捨てて、私たちの視界から消えてしまったのである。

ずっとあとになってから、日本に帰ってきた私のところに、ある日一通の手紙がレオン・フェスティンガーから届いた。そこには、スタンフォードを辞めてからのことがくわしく記してあった。かれは、スタンフォードのスター・プロフェッサーの地位を捨てて、心理学も捨てて、ニューヨークのニュースクール・フォア・ソシャル・リサーチに、一人の学生として入学し、文化人類学を専攻した。そして、若い女性と結婚し、二人の子どもまでできたということであった。いまはニュースクール・フォア・ソシャル・リサーチの教授をしているというのが手紙の内容であった。それはヴェトナム戦争が終わって大分経ってからのことである。

ニュースクール・フォア・ソシャル・リサーチは、第一次世界大戦が終わったとき、ヨーロッパ文明の崩壊に直面して、新しい状況を形成しようという意図をもってつくられた大学である。ソースティン・ヴェブレンと、かれの思想的共鳴者たちが中心となってヴェブレンの「大学論」を具現化しようとしてつくられた大学であった。当時、「ヴェブレン大学」と呼ばれていた。各学生が、それぞれ自由に自分のカリキュラムをつくり、教師と一緒になって、共同作業として大学教育をおこなおうというものであった。レオン・フェスティンガーはもともとヴェブレンに深く傾倒し、かれの認知的不協和の概念もヴェブレン的な思想の枠組みのなかから生み出されたものであった。

私はレオン・フェスティンガーのカフカ的転身を知って、文学あるいは思想によってもたらされる破壊的状況のきびしさを思わざるを得なかった。その点、大江健三郎の作品は、安部公房に比べると「安全」だと思われていた。私自身もそう思っていたし、レオン・フェスティンガーがもっぱら安部公房に傾倒していったのも、究極的には、安部公房のもっている「危なさ」に惹かれたのではなかっただろうか。

トールキンの『ホビットの冒険』と反戦学生

アメリカがヴェトナム戦争の泥沼に落ち込んで、史上最悪の暴虐行為をおこないつつあったとき、学生が救いを求めた書物は、大江健三郎の『ヒロシマ・ノート』の他にもう一つあった。それはトールキンの『ホビットの冒険』である。

日本の読者の多くは、トールキンの『ホビットの冒険』は子どもの本だと思っているだろうが、むしろ大人の本として登場したのであった。とくにヴェトナム反戦運動のうねりが高まってゆくとともに、『ホビットの冒険』は反戦学生たちにとってバイブルのような存在になっていった。『ホビットの冒険』の主人公であるホビットは、大江健三郎の作品によく出てくる人物を髣髴させるものがある。あるいは大江健三郎自身であるといってもよいかも知れない。

『ホビットの冒険』の、最初の日本語訳はなかなか良い訳だったが、何箇所か誤訳があって、ホビットの性格が、日本の読者には必ずしも正確に伝わっていないような気がする。ホビットは性格のおだやかな、平均的な「サラリーマン」であった。ようやく「定年退職」して、住み心地のよい家で、静かな、平和な余生をおくることになった。ちょうどその日、

「おそろしい」ガンダルフ一味が訪れて、ホビットはいやいやながら、平和の象徴である宝物を探すために危険な旅に出かけざるを得なくなる。その夜、ガンダルフ一味は、ホビットの家で派手な「飲み会」を催し、ホビットは飲めない酒をしたたか飲まされて、前後不覚に寝込んでしまう。ところが、夜中、のどがかわいて目を覚ますと、グラスにお酒を入れて、手許においてある。この状況が『ホビットの冒険』の伏線となっている。ホビットは宝物を探す旅で数々の危険に遭うが、その度に「おそろしい」ガンダルフ一味がどこからともなく現れて、ホビットを救い出し、ホビットは無事に平和の宝物を手に入れることができるのである。ところが『ホビットの冒険』の最初の日本語訳では、ガンダルフ一味が泥酔して寝込んでいるホビットの「額にお酒をぶっかける」こととなっている。原文で"by the elbow" とあるのを "by the brow" と勘違いしてしまったからであろうが、『ホビットの冒険』でガンダルフ一味の果たす役割がまったくわからなくなり、ホビットの旅の意味がうすれてしまう。

私がスタンフォード大学から、シカゴ大学に移って間もなく、アメリカはヴェトナムに本格的な軍事介入を始め、日毎にエスカレートしていった。学生を中心とするヴェトナム反戦運動もまた日毎に激化していった。その頃S君という学生が私のゼミにいた。S君はもともとM大学の学生だったが、私のところで博士論文の研究をしていた。いかにも牧歌的なM大学の学生らしく、朴訥《ぼくとつ》で、しかし鋭い社会的問題意識をもっていた学生であった。

S君は大江健三郎の熱烈なファンであるとともに、『ホビットの冒険』も好きで、いつも手許から離さなかった。じつは、S君は、風貌もまたホビットそっくりで、私たちはよくビールを飲みながら、S君のことをからかったりしたものだった。そのS君が、「ミルウォーキー・フォーティーン」の一員として逮捕される事件が起こった。「ミルウォーキー・フォーティーン」というのは、ヴェトナム反戦運動で主導的な役割を果たしていた十四人の若者たちで、深夜、ミルウォーキーの徴兵局に侵入し、徴兵カードを全部持ち出して、徴兵局の前で燃やしてしまったのである。そして自分たちでFBIに通報して、「ウィ・シャル・オーバーカム」（勝利をわれらに）の反戦歌を高らかに歌いながら全員逮捕されるという事件であった。

S君は、懲役十五年という重い刑を受け、南部のいくつかの州の刑務所を転々としたのであった。大分以前にM大学を訪れたとき、風の便りに、S君が刑を終えて出所し、故郷の町で新聞配達をしながら生計を立てていることを知った。

大江健三郎は、ノーベル賞受賞の記念講演会で、文学は人類を癒すためにあるといって、聴衆に深い感銘を与えたという。大江健三郎に深く傾倒して「ミルウォーキー・フォーティーン」に加わったS君の卓越した生き方を思い、また、安部公房に魅せられて、カフカ的転身をしたレオン・フェスティンガーの壮絶な人生を思ったものである。

初出：『文学』一九九五年四月号、岩波書店

第7章

九・一一テロが想起させる『ローマ帝国衰亡史』

二〇〇一年九月十一日、私はスウェーデンでの長い夏を終えて、日本に帰ってきた。まだ日の高いときに、成田に降り立ったが、最初に目に入ったのは、日本での最初のBSE（狂牛病）の牛が見つかったという新聞記事であった。じつは、私はスウェーデンで何ともいえない不安感にかき立てられていた。日本への帰国を予定よりずっと早めたのもそのためだったが、BSEの問題がその不安感の原因だと思ったほどであった。ところが、その夜おそく、二機の旅客機が相次いで、世界貿易センターのツウィン・ビルディングに突入するという、映画のような光景を目にした。私は瞬時に、イスラエル軍による無辜《むこ》のパレスティナ人民に対する言語を絶した凶暴な行為を全面的に支持してきたアメリカ政府に対する報復だと感じた。そのとき、私の脳裏をかすめたのは、若い頃、夢中になって読みふけったエドワード・ギボンの『ローマ帝国衰亡史』（*The History of the Decline and Fall of the Roman Empire*）であった。

ギボンの『ローマ帝国衰亡史』は、歴史を社会科学の重要な分野として位置づけた歴史的な書物である。その第一巻は一七七六年に出版された。経済学を社会科学の重要な分野として位置づけたアダム・スミスの『国富論』（*An Inquiry into the Nature and Causes of the Wealth of Nations*）が同じ年に出版されているのは、歴史的偶然とみえるかもしれない。じつは、この二冊の書物の生成には、偉大な哲学者、歴史家、そして経済学者でもあったデヴィッド・ヒュームがふかく関わっていたのであって、たんなる歴史的偶然の産物ではない。

さらに、同じ一七七六年の一月には、トマス・ペインの『コモンセンス』（*Common Sense*）が刊行されている。これは、アメリカの独立運動に決定的な影響を与えた政治評論である。

トマス・ペインは『コモンセンス』のなかで、君主政治と世襲制が如何《いか》に不条理、非合理的であるかを説明して、望ましい政治形態は、リベラリズムの考え方に立った共和制でなければならないことを主張した。そして、アメリカが、イギリスの植民地支配から独立して、自由になることの正当性を強調し、いま、このときを逸しては、独立の機会はふたたび訪れてこないことを力強く表明したのである。トマス・ペインの『コモンセンス』によって、アメリカの人々の心のなかに初めて、独立という新しい希望が育まれたといわれている。

当時、アメリカ植民地の人々は、イギリスによる支配に不満を抱いていたが、それが「常識」（Common Sense）だと思って、独立を考えることはなかった。そのときに、イギリスによる支配は「非常識」であって、独立こそ「常識」であることを、トマス・ペインは『コモンセンス』のなかで繰り返し強調したのである。

エドワード・ギボンの一生

エドワード・ギボンは、一七三七年、ロンドンの近郊、サリー州の旧家に生まれた。幼少の頃から病弱で、外にはあまり出してもらえず、家に閉じこもって書物を読みふけることが多かった。ギボンがとくに興味をもっていたのは歴史書であったという。一七五二年、十五歳のとき、オックスフォード大学のモードリン・カレッジに入った。しかし、翌年、かれはカトリックに改宗したため、父の怒りにふれて家に連れ戻され、スイスのローザンヌに送られた。一七五八年、許されて家に戻ったが、結局、十六歳から二十一歳までの多感な五年間をローザンヌで過ごすことになった。偏狭なプロヴィンシャリズムの世界を逃れて、寛容なリベラリズムの文化にふれることができたのは、それからのギボンの一生に決定的な影響を与えた。とくに、ローザンヌにいたとき、ある一人の女性を愛したが、父の反対で結婚することができなかった。そのことがあって、ギボンは一生独身で過ごしたという。

一七六四年、二十七歳のギボンは、二年間の予定で大陸旅行に出かけた。当時、大陸旅行はリベラル・アーツの教育の重要なコースで、いうまでもなくイタリアが中心であった。ギボンもローマにしばらく滞在して、古代ローマの遺跡を訪ねて歩いた。一七六四年十月十五日、カピトリーヌの廃墟にたたずんで、古代ローマの荘厳に心を奪われ、ローマ帝国の衰退と滅亡の歴史を書きたいと思い立ったと自叙伝には記されている。それから十二年の歳月をかけて、一七七六年、『ローマ帝国衰亡史』第一巻を出版したのである。

その数年前から、ギボンは下院議員として政治にも関わっていたが、一七八三年、四十六歳のとき、一切の俗職をはなれてローザンヌに移り住んで、『ローマ帝国衰亡史』の完成に力を注いだ。『ローマ帝国衰亡史』は全六巻からなる大部の書物で、最後の三巻が出版されたのは一七八八年のことであった。『ローマ帝国衰亡史』は、文学者としてのギボンの名声を高めただけでなく、哲学的歴史家としてのギボンの地位を今日まで不動のものとしている。

ローマ帝国はなぜ滅亡したか

ローマ帝国は、西洋古代世界において、最大の版図をもち、最強の軍隊に支えられ、すぐれた政治、経済、法律、土木技術をもった比類のない大帝国であった。そのローマ帝国が衰退し、やがては滅亡してしまったのは、何故だろうか、ギボンが、その『ローマ帝国衰亡史』で明らかにしようとしたのは、この疑問であった。

ローマ帝国は、その衰退過程に入ってから、辺境の各地で反乱、擾乱《じょうらん》が起こっていった。ローマは、これらの反乱に対して、道理（Legitimacy）を欠いた、いわば社会正義に反するかたちで、その強力な軍事力を行使して、弾圧しつづけた。

内部的腐敗によって崩壊の寸前にあったローマ帝国を支えたのが、三七九年から三九五年にかけて在位したテオドシウス帝であった。しかし、テオドシウス帝は、キリスト教を完全な国教として規定して、すべての異教、異端を非合法化して、その存在自体を否定し、徹底的に弾圧した。しかも、軍人出身であったテオドシウス帝は、そのすぐれた軍事的才能をあますところなく発揮して、辺境の反乱をもっぱら軍事的な手段で鎮圧することに終始したのである。

三九五年、テオドシウス帝が亡くなり、ローマ帝国は、東西に分割され、二人の暗愚、柔弱な息子が支配することになった。東は十八歳の長子アルカディウス、西は十一歳の次子ホノリウスが帝王の座についた。辺境の反乱はすでに、燎原の火のごとく拡がり、止めることはできなかった。テオドシウス帝が亡くなったその年の冬にははやくも、ゴート族がこれまでの部族間の対立を超えて、アラリックというすぐれた指導者の下に結束して、ローマ帝国打倒を目指して立ち上がった。三九八年、アラリックに率いられたゴート族の大軍はアルプスを越え、ポー河を渡って、主な都市を占領して、ローマ市に迫った。その十二の城門を固め、ティベレ河を封鎖した。四一〇年、ローマ市内に入ったアラリックは一週間にわたってローマ市を占領し、主要な建物とくに神殿を徹底的に破壊した。歴史に名高いローマの荒略である。ローマ建国から千年以上も、国家支配の中心であったこの永遠の都が破壊されたのである。ゴート族によるローマの荒略は、ローマ帝国の繁栄がじつは空しいものであり、それを支えていた軍事力もまた、社会正義に反するかたちで行使されるとき、一般民衆の支持を失い、無力なものであることを内外にわたって、はっきり示した。ローマ帝国の滅亡がここに始まった、とギボンはいう。

二〇〇一年九月十一日の夜おそく、二機の旅客機が相次いで世界貿易センターのツウィン・ビルディングに突入する光景を目にしたとき、私は、アラリックによるローマの荒略を思い起こし、アメリカ帝国の滅亡がいよいよ始まるのではないかと思わざるを得なかった。ヴェトナム戦争に始まるアメリカ帝国の非人道的、非倫理的な行動を考えるとき、ローマ帝国の末期とあまりにも類似点が多いからである。

第8章

ハーヴェイ・ロードの僭見と日本の官僚

ジョン・メイナード・ケインズは、二十世紀の生んだもっとも偉大な経済学者である。彼の基本的な考え方は、その主著『一般理論』の最終章に明快に述べられている。

現在資本主義制度のもとにおける資源配分は必ずしも効率的ではなく、またそのときの所得分配は公正なものではない。経済循環のメカニズムもまた安定的ではない。現代資本主義が安定的に調和のとれた形で運営されるために、政府がさまざまな形で経済の分野に関与しなければならない——。

ケインズがその一生をかけて追究していったのは、理性的な財政政策と合理的な金融制度に基づいて、完全雇用と所得分配の平等化を実現することが可能であるという、すぐれて理性的な立場であった。この、理性主義的な考え方がたんなる幻想に終わるものではなく、経済的、社会的、財政的制度の進化の法則に適合するものであって、網の目のように張りめぐらされた既得権益の構造のなかに埋没されるものであってはならないというのがケインズの信条でもあった。

このケインズの、理性主義にもとづく政治思想的立場は、のちに、イギリスが生んだ最後の経済学者といわれるロイ・ハロッドによって「ハーヴェイ・ロードの僭見」(The Presupposition of Harvey Road) と呼ばれるようになった考え方であった。「僭見」(プリサポジション) とは、いろいろなことを考える際の「前提条件」を意味する。

虚構にすぎない「知的貴族」

ハーヴェイ・ロードは、イギリスのケンブリッジにある閑静な住宅街の名前で、ケインズは、このハーヴェイ・ロード六番地に生まれ育った。ケンブリッジ大学へ歩いて十分ほどの街であり、ケインズの父、ジョン・ネヴィル・ケインズはケンブリッジ大学の役員まで務めた偉い学者で、彼の周りにはイギリス最高の知性が集まっていた。ケインズ自身も、ケンブリッジ大学時代からブルームズベリー・グループと呼ばれた若い知性集団のなかで、その思想基盤を醗酵させていった。

「ハーヴェイ・ロードの僭見」の中心は、イギリスの政治は、少数の「知的貴族」によって理性的説得の手段を通じて支配されてきたし、将来もそうなるであろうという主張にあった。イギリスの政治は、小選挙区選挙によって選ばれた国会議員でも政府官僚でもなく、ケンブリッジ、オックスフォードというエリート大学を卒業して、大学教授など知的職業に従事している「知的貴族」によって支配されている。

一般大衆よりすぐれた知性、知見を持ったかれらが、イギリス全体の利益を考えて、また将来の子孫への影響をも十分考慮に入れて、政治的な決定を行ってきた。このことによって、イギリスは過去においてすばらしい政治的、経済的発展を遂げてきたというのが、「ハーヴェイ・ロードの僭見」の政治思想だった。

イギリスにおける「ハーヴェイ・ロードの僭見」は、ハロッドが予見したように、いまや跡形もなく消え去ってしまった。これは大英帝国の崩壊過程と無縁ではないが、それ以上に、その担い手である「知的貴族」が、知性、感性、そして人間性という観点から見ても、一つの虚構にすぎないことが明らかになっていったことも無視できない。

ひるがえって、わが国の場合、「ハーヴェイ・ロードの僭見」の担い手と自負していたのは中央官庁の高級官僚であり、この高級官僚を送り出していたのは東京大学をはじめとするいわゆるエリート大学であった。高級官僚はまた、その理性的説得によって、過去において日本経済の発展に大きな役割を果たしてきた。しかしいまや、かれらは、政策の失敗を幾度となく繰り返したうえに、信じがたい汚職を数々犯し、知的にも人間的にも、多くの問題を含んでいる人々が少なくないことが明らかになりつつある。

日本もまた、経済大国の崩壊過程に入り、「ハーヴェイ・ロードの僣見」は消え去ってしまったように思われる。

ケインズの非道徳的な行為

イギリスにおいて「ハーヴェイ・ロードの僣見」を支えてきたものは何か。それは端的に言えば、イギリスの植民地支配であった。植民地の富を奪い去って、その富をケンブリッジやオックスフォードの大学に蓄積し、それを基に「知的貴族」が養成された。

ケインズの処女作は『インドの通貨と財政』（一九一三年）である。三十歳で金と銀の平価がどう決まるかをめぐる、すばらしい書物を書いたケインズの能力は、敬服に値するが、この本には肝心なことが書かれていない。

当時、インドは銀本位制、イギリスは金本位制だった。イギリスの軍事費は、イギリスの軍隊はインドを守るためにある、という口実をもうけてすべてインドが負担した。イギリスのキャリア公務員の年金も、大部分インドが負担する制度であった。イギリスのキャリアは一度は必ずインドに赴任し何年かをインドのために尽くしたからという理由からであった。

その軍事費と年金は銀本位のルピーで支払われた。これを金本位制のイギリスは、金に換算してポンドで受け取ることになる。そこで金と銀の交換比率がイギリスにとって政治的に非常に重要になる。しかし、ケインズは、金と銀の平価決定分析の中で、この政治的要素にはまったく触れていない。

「ハーヴェイ・ロードの僭見」は、このようにインド人の搾取によって支えられ、インドの独立とともにその財政的基盤を失った。ケインズは、この搾取の事実を『インドの通貨と財政』の中ではまったく無視したのである。

さらにケインズが依拠した「ハーヴェイ・ロードの僭見」は、ケインズ自身の非道徳的な行為によっても否定されていたのである。

ハロッドの『ケインズ伝』には、ケインズがキングス・カレッジの第一パーサー（財務責任者）の地位にあったとき、先物に投資して大儲けし、カレッジの財政に貢献したと書かれている。しかし実際に調べてみると先物投機で大損し、カレッジに大きな経済的損失を与えている。それだけではなく、ケインズ個人も投機に失敗し破産寸前に陥る。それがベストセラーとなった『平和の経済的な帰結』（一九一九年）の印税で救われたというエピソードもある。

さらに第二次世界大戦中もケインズは、政府代表というポストを利用して結構ひどいことをやっている。代表的なのは、印象派絵画の買い占めである。

第二次大戦当時、パリがドイツ軍に占領される前、フランス政府はイギリス政府に対してフランスの名画を疎開させる手助けをしてほしいと要請した。このときのイギリス政府の代表がケインズだった。彼は、その立場を利用して、名画のうち印象派のかなりの絵画を個人的に買い占めたというのである。

その事実はわずかに、ブルームズベリーの一員だった女流作家ヴァージニア・ウルフの日記に残されている。日記にはドイツ軍のパリ侵攻前日の夜中、イギリス政府の用件でいったパリから帰ってきたケインズが、ブルームズベリーの仲間に、この危機を利用して自分が印象派の名画をいかに安く買い占めたかを得意げに話し、みんながそれを喜んだと書かれている。

これらの名画はケインズ死後、キングス・カレッジに遺贈された。確かにケインズの経済理論は、二十世紀において最も大きな役割を果したが、その経済理論を支えた「ハーヴェイ・ロードの僭見」という政治思想との間に大きな矛盾があったと言わざるをえない。

「僭見」なき日本の官僚

ケインズたちが持っていた、自分たちはいい教育を受けて頭もいい、一般大衆よりもすぐれているという「思い上がり」は、日本の高級官僚に共通している。彼らには、「思い上がり」はあっても、思想と、信条とか、人間性の深みというものが欠けているように思う。日本の官僚は、官庁という政治的な組織の中で、その組織にどれだけ貢献できるか、そして自分がその中でいかにうまく生きていくか、という点だけにしか行動規範をもたないようにすら思える。

こうした高級官僚を生んだのは、日本の「ハーヴェイ・ロードの僭見」ともいえる東京大学をはじめとするいわゆるエリート大学である。また、これらの大学の学者が、さまざまな審議会の座長を務め、官僚機構の意思を具現化する役割を果たしている。大学の独立性とか、学者としてのプライド、あるいはディシプリンと矛盾することが多いのではないだろうか。

アカデミックなディシプリンや学問研究の自由は、必ず時の権力との間に矛盾を引き起こす。その矛盾に悩むのが大学である。しかし、東大法学部は、国家権力の一部であり、それどころか、自らが国家権力そのものであるという強烈な自意識によって支えられているような気がする。

アメリカでもヨーロッパでも、一流の大学では自然科学や人文科学、哲学や古典など、権力とは関係のない、現実には役に立たない学問、いわゆるリベラル・アーツが中心になっている。その周辺に工学部や医学部、法学部、経済・経営学部があり、それらはスクールと呼ばれ、専門大学院のような位置づけである。

これに対して日本の大学の場合、法学部が中心になっているところが多い。この状態を改革しようとする動きも過去にあった。一九六〇年代後半に起こった東大紛争のときである。このとき、丸山真男先生の提案を軸に大学改革案がつくられた。その内容は、東大を解体して教養学部のある駒場を東京大学とし、駒場の先生たちが教授になる。法学部、経済学部などは、法学専門学校、経済専門学校になり、先生たちは教授ではなく教諭とするという案であった。

この「改革フォーラム」の提案は日の目をみず、結局葬り去られてしまった。アカデミズムのディシプリンのなさを見抜いていた丸山先生は、その後、東京大学を辞された。

ヴェブレンの大学論

大学という制度をめぐって、私が最もすぐれた考え方だと思っているのは、ソースティン・ヴェブレンの大学論である。

ヴェブレンは、『有閑階級の理論』（一八九九年）などで知られる制度学派経済学の始祖だが、私は彼こそアメリカが生んだ最も偉大な経済学者だと考えている。ヴェブレンは、大学を、人間が本来持っている特性をできるだけ育てる聖なる組織ととらえる。

その特性の一つは、「アイドル・キュリオシティー」（idle curiosity）である。私はこれを「自由な知識欲」と訳しているが、人間は、本来、儲けるとか役にたつとかではない、何物にもとらわれない好奇心、知識欲を持っている。それを発展させるのが大学の大きな役割であるとヴェブレンは言う。

もう一つの特性は「インスティンクト・オブ・ワークマンシップ」（instinct of workmanship）といわれるものだ。「生産倫理」とでも訳せようか。大工が徒弟奉公しながら先達の知識なり技術を吸収し、安全で快適、美的にもすぐれた家をつくろうとする。それが大工が持っている「生産倫理」である。この本能と利潤動機は、時として矛盾する場合もあり、それが資本主義の問題点でもある。

ヴェブレンは、「自由な知識欲」と「生産倫理」という人間の二つの特性をともに発展させていく場として大学をとらえていた。私もそれが本来の大学だと思う。

官僚とは対照的な人間像

東大がヴェブレンの言うような大学であったなら、学生も変わったかもしれない。かりに学生が天下りを含めた生涯所得や権力欲にとらわれて大学に入学したとしても、学んでいくうちにいろいろ考え直していったかもしれない。東大を定年退職し、ある大学に転じて初めてゼミ学生を社会に出したとき、そのうちの一人が、京都のお寺に就職が決まりましたという。それも修行僧としてである。私はショックだったが、この世をまともに生きようとしたら、修行僧にしか就職口を見つけられないと思っても不思議ではない。

私はもう二十年以上も前から日本の官僚に幻想を抱かなくなった。ちょうど共通一次試験を受けて大学に入学した人たちが、官僚になり始めたころである。彼らは、生きる姿勢も低いし、社会正義に対する意識もない。能力的にもかなり劣っていて、ただ点数を取れば、試験に受かればいい、とする人たちのように思えた。

日本における「ハーヴェイ・ロードの僭見」は幸いにも、すでに死んだ。これを再生させるには、今の官僚とは対照的な人間像、たとえば三十年近く成田空港の反対運動に携わってきた人々を対峙させるほかないのかもしれない。

初出：『論争東洋経済』一九九七年三月号、東洋経済新報社

第4部

学びの場の再生

第9章

魚に泳ぎ方を教える

一九五一年春、私は数学科を卒業して、特別研究生として数学教室に残ることになった。特別研究生として残ったというとき、多少説明をする必要があるように思う。特別研究生というのは戦争中にできた制度で、特別研究生になると兵役を免除された。その上、手当をもらって、自由に研究ができるというものだった。特別研究生は略して特研生とよばれていて、「特権」を連想させる要素もあったが、軍部の過酷な支配下にあって、日本の学問を支えるという点から極めて大きな役割をはたした。戦争が終わってからも、特別研究生の制度は残され、平和の時代にあって、学問の発展に新しい役割をはたすことになった。外国のすぐれた大学にはどこでも、特別研究生と似たような制度がある。ハーヴァード大学のジュニア・フェロー（Junior Fellow）やケンブリッジのカレッジのフェロー（Fellow）も基本的には、同じ考え方に立っている。

卒業間近になって、私は教室主任をされていた弥永昌吉《いやながしょうきち》先生に呼ばれて、特別研究生か、助手かどちらか、好きな方を選びなさい。どちらも同じような待遇だが、特別研究生の方が税金がかからない点いいのではないかといわれて、私は当然、特別研究生を選んだ。ところが、文部省は突然、特別研究生の制度を廃止することに決めたのである。私たちは大学院の研究奨学生となり、しかも手当は奨学金の性格をもち、返還の義務を負うことになった。その年に卒業して、特別研究生に予定されていた私たちは、文部省のこの一方的措置を認めることを拒否して、研究奨学生ではなく、最初に約束された特別研究生として通すことにした。ちなみに、そのときの仲間の多くは、研究分野は多様であるが、戦後の日本の学問研究を主導するすぐれた研究者となった。一人ひとりの研究者、学生の魂の自立、願望、職業的プライドをまったく無視して、行政的な辻褄《つじつま》だけを合わせようとする文部官僚の本質を垣間みた思いだった。

資本主義と自由

しかし、私はそれから二年ほどして、数学から経済学に転じた。数学の特別研究生も辞めたわけであるが、そのとき、私はある悲愴《ひそう》な決意をした。あるいはせざるを得なかったといってよい。一切の人間的絆《きずな》を断ちきって、経済学研究のために、一生を捧げるという、いまから振り返るといささか面映《おもは》ゆい決意を固めて、また、そのことを、弥永昌吉先生や友人たちに公言したのである。

それから、数年して、私は、スタンフォード大学のケネス・アロー教授に招《よ》ばれて、アメリカに行くことになった。当時、マルクス主義の経済学に夢中になっていた私は、アメリカに行くことにかなりの抵抗感があった。しかし、スタンフォードに行ってみて、そのリベラルな、そしてアカデミックな雰囲気にすっかり魅せられてしまった。一切の人間的絆を断つどころか、結婚までしてしまった。私にとってアメリカの大学は、学問的、人間的な第二の故郷になった。

しかし、私が長いアメリカ生活を打ち切って、日本に帰ろうと思った直接の動機はヴェトナム戦争である。ケネディ大統領によって始められたヴェトナム戦争が本格化したとき、私はシカゴ大学にいた。史上最強の軍隊をもったアメリカが、その全軍事力を投入して、アジアの一小国ヴェトナムに対して、社会正義に反して侵略戦争を展開したのがヴェトナム戦争だった。アメリカ軍がヴェトナムでおこなった大量殺人、残虐行為、自然と社会の徹底した破壊もまた、史上最大の規模をもつものだった。このアメリカ軍の残虐行為に対して、アメリカの良心ある人々は心から憤激し、全米いたるところで、はげしい反戦運動が展開された。アメリカ社会はずたずたに分断され、南北戦争以来の社会的混乱と政治的分裂を経験することになった。

ヴェトナム反戦運動の担い手はもっぱら大学の教授と学生たちだった。とくに、シカゴ大学では早い時期から、学生たちによる反戦運動が活発に展開された。一九六五年の終わり頃、学生たちが大学の本部棟を占拠したことがある。学生による大学の本部棟の占拠は、シカゴ大学が最初で、その後、全米の大学に波及することになった。

当時、アメリカでは徴兵制度がとられていた。ヴェトナム戦争が深刻になるとともに、大学の成績の悪い学生、あるいは反戦運動をしていることが公になった学生を優先して兵隊にとるという政策がとられるようになった。そこで、学生の成績を徴兵局に送らないよう大学当局に要求するという運動がアメリカ全国の主な大学でおこった。シカゴ大学の本部棟の占拠は、この運動の一環としておこなわれた。同時に、大学当局が、政府に対して、そのヴェトナム政策を非難するという要求も出された。そこで、私は三人の若い教授たちと相談して、調停に当たることになった。私たちが提示した調停案は、全学の教授たちが、学生の成績は付けないという案だった。かなりの曲折を経たが、結局、私たちの調停案を双方が受け入れ、学生たちは本部棟の占拠を止めることになった。このとき印象的だったのは、学生たちが本部棟の占拠を始めたとき、大学の本部職員はそれぞれ適当な避難場所を見つけてそこで仕事をし、学生たちもまた、建物、器具を大事に取り扱い、毎日ていねいに清掃していたことである。そのとき、ビジネス・スクールの学生が中心となって、「資本主義と自由」(Capitalism and Freedom)というグループを組織して、ピケを張っている学生たちに棍棒などをもって、殴り込みをかけていた。これは、ミルトン・フリードマンがその直前に書いた書物の題名からとった名前である。

このとき、私と一緒に調停に当たった三人の若い教授たちはそれぞれ哲学、物理、政治を専門としていたが、私たちはその後、「ザ・ヴォイス」(*The Voice*)という雑誌をつくって、大学内外の反戦の声や運動の動きをシカゴ大学の教授、学生たちに知らせる活動を力を合わせて始めることになった。三人の若い教授たちの一人にジョン・ドランという哲学者がいた。かれはMITでノーム・チョムスキーと同僚だったこともあって、この*The Voice*はチョムスキーが始めたアメリカ全国の主な大学で組織された反戦運動の一環だった。

私たちの反戦運動に対して、シカゴ大学の教授たちの反応は厳しかった。とくに、経済学部は当時すでに保守的な考えをもつ教授たちが多く、極めて批判的な雰囲気だった。しかし、ヴェトナム反戦運動は、一人ひとりの教授の学問的良心、倫理的なコミットメント（Commitment）に関わるものであって、学問と思想の自由の名のもとに、むしろ大学教授としての責務であるという考えが支配的だった。シカゴ大学は大学院大学だったので、私の周りにいた学生はすべて、研究者を志した人たちばかりだったが、かれらの多くも、積極的にヴェトナム反戦運動に関わることになった。

私は前々からの約束で、一九六六年八月から一年間、イギリスのケンブリッジ大学に行かざるを得なかった。一年後、シカゴに帰ってきたときには、状況は一変していた。*The Voice* を一緒に出していた三人の若い教授たちは事実上解雇され、消息を絶ってしまっていた。じつは、かれらはいずれも助教授の身分でテニュア（身分保障）をもっていなかった。テニュアをもっていない助教授でも当時はほぼ自動的に再任されるのが一般的だったが、三人とも、ヴェトナム反戦運動に関わったために再任されず、事実上解雇されてしまったのである。私は正教授でテニュアをもっていて、何事もなかった。このことはいつまでも苦い、重く苦しい記憶として、私の心に残っている。

魚はもともと泳ぎ方がうまい

それから二十八年経った一九九四年のことである。その年の三月から五月にかけて、私はミネソタ大学で滞在していた。ある日突然、ジョン・ドランから電話がかかってきた。ジョン・ドランは数年前からミネソタ大学で哲学を教えていて、大学新聞で私が来ていることを知ったというのである。直ぐ会いに行ったが、ジョン・ドランが最初に言ったのは、二十八年ぶりだねという言葉だった。かれは哲学科の正教授として、医の倫理を中心テーマとする研究センターをつくる作業に従事しているといって、その構想を楽しそうに語った。じつは私も、医療を社会的共通資本として具現化するために、医の倫理を一つの中心的な研究テーマとしていて、偶然の一致に喜び合い、これからまた、協力して一緒に研究活動をつづけようと約束した。そのとき、私は、長い間の心の重荷が一つ軽くなったような爽快な気分になった。

ジョン・ドランと私はそれから、医療を教育とならんで社会的共通資本の要として位置づけ、医の倫理にかんする国際シンポジウムを開いたり、また、日米の医療制度の比較などをテーマにして共同研究をつづけている。ジョン・ドランは、東京にくると、いつもわが家に泊まって、毎日夜おそくまで、語り合うのを常としている。話題は、医療の問題に限定されず、科学、芸術、文学、およそ人類がこれまで蓄積してきたすべての遺産にわたる。かつての旧制高校の友人たちと話し合っているような雰囲気が醸し出される。あるとき、ノーム・チョムスキーのことが話題になったことがある。そのとき、ジョン・ドランが言った。

「ノーム・チョムスキーはえらい。かれは、反戦運動で、五十四回も逮捕されている。それに比べると、自分はまだ、一回しか逮捕されていない」

たしかに、ジョン・ドランは一回しか逮捕されていないが、それは、懲役十年という重い刑だった。当時、ヴェトナム反戦運動に関わって逮捕されると、見せしめのため、極めて重い刑が科せられたのである。

私は、そのとき、子どもたちのための数学の入門書として、『算数から数学へ』を岩波書店から出していただいた。そして、いよいよ、念願の『好きになる数学入門』(全六巻)を書き始めたときだった。

この作業は、もともとカントが『純粋理性批判』で展開した考え方にもとづいて、数学を教えるということを具体的に表現することがはたして可能であろうかという設問に対する私なりの解答である。それは、ノーム・チョムスキーによって言語学の基本的原理として確立され、小林登教授によって臨床医学の立場から説得的に検証された言語や数学を学ぶプロセスを再現しようという気持ちで書き出したものである。その話をジョン・ドランにしたところ、かれが言った。

「じつは、私も同じような本を書いている。タイトルは『魚に泳ぎ方を教える』（*Teach Fish How to Swim*）だ」

子どもに数学を教えるのは、魚に泳ぎ方を教えるのと同じである。魚はもともと泳ぎ方がうまい。教える必要はない。ただ、きれいな水とゆたかな緑の環境を用意すればよい。子どもは生まれながら、数学を理解する能力と性向をもっている。ただ、その能力と性向がすくすく育つような環境を用意しなければならない。

『好きになる数学入門』（全六巻）は、大分前に完成して、これも岩波書店から出版していただいた。ただ、ちょっとむずかしすぎるような気もするが、おおぜいの中学生や高校生の方々が読んでくださっている。私にとって、これほどうれしいことはない。

参考文献：『日本の教育を考える』岩波新書

第10章

経済学の新しい地平を拓くのは学生だ

私自身ときどきはっとすることがあって、大学のなかでの教師としての責任の重さを否応なしに感じさせられることがある。毎年新しく私の演習に入ってくる学生たちは、わずかの期間に、人間的な生き方も学問的な考え方も、そして社会的な対応の仕方も大きく変わってくる。

進学当初、いわば白紙の状態にある、これらの青年たちが、演習のかもし出す雰囲気の中で特有の色に染められてゆく。その心の染色に私自身さまざまな形で関わっているように思えて、大学を卒業して社会に出てからも長い間にわたって、本郷での二年間の生活が大きな影を落としつづけることになる。

私どもの学部では、演習という制度が昔から存在していて、大量教育を中心とした学校教育制度を補完する役割を果たしている。毎年ごく少数の、大抵の場合多くとも十数名程度の学生が、学問的性向を共有して、一人の教官の指導のもとに演習を形成する。そして本郷の二年間、単に経済学の問題だけではなく、広く人生一般についてお互いに切磋琢磨し合って、一種の共同生活を営む。多くの学生たちはそれまで、大勢の学生が大きな教室で学ぶという形態に慣れていて、はじめは戸惑う人もいるが、やがてゼミに慣れるにつれて、本郷での生活のかなり重要な部分を占めるようになる。

このような学生たちが、それまでの大量生産方式の学校教育とはまったく異なった、演習のもっている一種独特な雰囲気に強く影響を受けて、わずかの間に目を見張るような変わり方をする。

そして、大学に残って学問を一生の仕事とするか、実社会に出るかという選択に迫られたときにも、ゼミでの生活が無視できない影響をもつ。

学問的な情熱と社会的正義感

このことは、現代社会における大学、ひいては学校教育のあり方に重要な関わりをもつように思われる。大学についてともすれば、学問研究という面が強調されるあまり、教育というときにも学問を教える点が中心になり、人格的形成という教育本来の立場に対して必ずしも十分な配慮がなされないように感じられる。とくにわが国の主な国立大学の場合、官僚とか大企業の社員養成という面があまりにも大きくなり過ぎて、大学教育が「エリート」を育てるという結果を生み出している。そこでは、学問の深層に関わる問題について考えを進めてゆくことよりは、できるだけ早く実学的な知識を身に付けようという動機が色濃くあらわれている。文科系についてはとくに、司法試験、公務員試験などのために勉学する傾向が強くなり、学問への志向が希薄になっている。

このような状況をみて、最近の青年たちはしらけているといった類いの発言がしばしば見受けられる。しかし、実態はその逆であって、しらけているのは私ども教師たちの方ではないかとさえ思われることがある。

このことを痛感させられるようなことがあった。それは、東京大学で一時教鞭《きょうべん》をとられた田尻宗昭さんのことである。田尻さんは周知のように、日本の公害問題に対して文字通り身体を張って闘ってこられた方である。もともと海上保安庁で巡視船の船長をされ、四日市海上保安部の警備救難課長の時代に、四日市の海を汚染してはばからない企業を摘発し、海を守るために大きな役割を果たされた。その後東京都で公害問題を担当された。

『四日市・死の海と闘う』、『公害摘発最前線』（ともに岩波新書）などから田尻さんの活躍はうかがい知れる。

東大で学生たちに公害問題について講義されたときは、田尻さんの講義に関心をもつ学生が意外に多く、最初予定していた教室では入り切れなくなって、三回も教室を変えなければならなくなった。二百人近くの学生たちが、食い入るような眼で田尻さんの講義に聞き入っている。田尻さんも講義を終える切っ掛けを失って、いつも二十分も時間を超えてしまい、しかもその後学生たちが質問にやってくる。普通にいわれている、公害などの社会的な問題に関心がうすく、学問的な興味もあさい、しらけきった大学生というイメージとはほど遠い現象が起きたのである。

これは、一つには田尻さんの人柄と業績、引き込まれるような語り口が人々の心を魅了して止まないからだが、それと同時に、学生たちの多くが、田尻さんの講義のように、社会的に重要な関心事について、先輩たちの体験を直接聞くことができることをすばらしいことだと思っているからに違いない。私は田尻さんの講義のことを聞いて、自らをかえりみてなんとも恥ずかしい思いをいまさらのように強く感じたのである。学生たちの多くが、そ学問的な情熱と社会的正義感をつよくもっているにも拘わらず、私たち教師の多くが、それに充分応えることができるような講義や指導をしてこなかったのではないかという危惧をもたざるを得ない。

一種の虚構でしかありえない

大学の教師というとどうしても学問研究に重点が置かれ、そのことにいささか甘え過ぎているのではないかということも、じつは私は前々から気になり、私なりに反省してきたことでもある。とくに小学校の「しゃかい」の教科書の監修という、これまで考えてもみなかった大役をお引き受けして以来、私の念頭を離れなかったことでもある。

小学校の「しゃかい」の教科書の編集、作成という作業は想像を超えてたいへんな仕事であり、じつに多くの人々の労力と時間とが費やされる。なによりも印象的であったのは、編集に参加された方々、とくに小学校でじっさいに子どもたちを教えておられる先生方がどなたもじつに魅力的な人柄であるということであった。そして、子どもたちの人間的な成長と幸福をまず第一義的に考えておられ、「しゃかい」を教えるのはそのための方便であるというように考えておられることであった。

もちろん「しゃかい」という一つの知識体系を子どもたちに理解させることは当然の前提となっているものの、編集委員会の席で私が接した先生方はそれを超えて、子どもたちの全人格的な成長という視点から「しゃかい」を教える立場を貫かれている。私としてはこのことを予期していなかったわけではないが、改めて感動を覚え、「しゃかい」の編集にたずさわるということに身の引き締まる思いをもったものである。

そのあと、高校の「現代社会」の編集に参加する機会をもたせていただいたが、小学校の「しゃかい」と比較して、私どもの大学の状況に多少似ているような印象を率直にいって拭い切れなかった。とくに「現代社会」という科目は新しくつくられたものであり、これまでの政治・経済、倫理・社会をまとめて一つの教科とし、しかも高校一年の段階で必修に近いような形で教えることからも推測されるように、教科書の編集はかなり困難な作業とならざるを得なかった。

私の担当した経済分野の場合、その基礎となるべき経済学自体が、この十年ほどの間、これまでにないような混迷の状態にあることも、教科書作成の作業をむずかしいものにした。しばしば、経済学の危機という言葉が使われるが、たんに日本だけではなく、世界の経済学一般について、これまでの主導的な考え方が、現実に起きつつある現象を十分に説得力をもって説明することができなくなり、しかも経済学の体系自体についても、その理論的斉合性という見地から、深刻な疑問が提起されるようになってきたのである。

このような状況のもとで、高校レベルの経済学教科書を書くというのは不可能に近い。

私どもができることといえば、現実に起きつつある現象をできるだけ的確に記述し、そのメカニズムについてできるだけ説得的に説明し、現在経済学自体が置かれている危機的状況をできるだけ背後にひそませるということでしかなかった。このことは教科書編者として失格に近いものとなってしまうかもしれないが、他方日本社会が（そして世界の多くの国々でも同様であるが）置かれている状況のもとでは、このような教科書があるいは逆に望ましいのではないかという気さえする。

日本の経済、社会の現状をどのように理解し、将来の方向をどのように考えるかということについて、経済学の学界で共通した、基礎となるようなパラダイムはまだ構築されていなくて、多くの経済学者、とくに若い世代の人々によって精力的に新しいパラダイムの形成が試みられている。したがって、ある一つの考え方を唯一の真理のような形で経済分析をいまの時点で提示するとすれば、それは一種の虚構でしかありえないことになる。むしろ、生徒たちの間から、教科書に述べられていることについて疑問なり反論なりが提起され、それを通じて、知識の深化がおこなわれ、経済のより正しい理解が可能になる。そのことは、現在日本の多くの学校で起きつつある教育の危機的状況に対する一種の処方箋を示すことにもなり、他方では、経済学が、その危機的状況を超えて新しい地平を求めて進んでゆく契機をつくるものにもなるという感じをもつものである。

これは結局、教育というのは教師が生徒を教え導くのでは必ずしもなく、むしろ教師と生徒とが共同して、作業を進める場であることを改めて確認するものであるのかもしれない。

初出：『教室の窓　小学校』一九八二年　三一二号、東京書籍

第11章

果たせなかった「夢の教科書」作り

教育は、人間が人間として生きてゆくということをもっとも鮮明にあらわす行為である。一人ひとりの子どもについて、その置かれた先天的、歴史的、社会的条件の枠組みを超えて、知的、精神的、身体的、芸術的な営みをはじめとしてあらゆる人間的活動の面で、進歩と発展を可能にしてきたのが教育の役割である。学校教育は、このような教育の理念を具体的なかたちで実現するための社会的制度であって、その社会の社会的安定度、文化的成熟度をあらわすものであるといってよい。

デューイの教育理念

このような視点に立って、学校教育の本質について深い洞察をもって、するどい分析を展開したのがジョン・デューイであった。デューイの教育理論は二十世紀を通じて、学校教育のあり方に対して大きな影響を与えてきた。

ジョン・デューイの教育理論はリベラリズムの思想にもとづいて展開された。デューイがリベラリズムというとき、それは、人間的尊厳を守り、市民的権利を最大限に確保するような社会的、経済的条件を求めて、ユートピア的運動なり、学問的発展をはかろうとすることを意味していた。

デューイは、人間が神から与えられた存在ではなく、各自が置かれている環境に対処して常に人間としての本性を発展させようとする知性をもった主体的存在としてとらえようとする。そのとき、リベラリズムの学校教育にかんする基本的な考え方が提示される。それは、デューイが、その古典的な名著『民主主義と教育』のなかで、学校教育制度が果たす機能として挙げた三つの機能に要約される。社会的統合、平等主義、人格的発達である。

デューイが学校教育の果たす第一の機能として取り上げているのは、社会的統合である。

子どもたちが、各自の育った狭い家庭的、地域的環境を超えて、多様な文化的、民族的、社会的背景をもった子どもたちと、学校でともに学び、遊ぶことによって、お互いに人間的共感をもち、社会的存在としての意識を育てるのが、学校教育の果たす重要な機能であるとデューイは考えたのである。

第二の機能は、平等にかかわるものである。子どもたちの一人ひとりが、その経済的、地域的、社会的集団の枠を超えて、学校教育を享受することができるようにすることに、デューイは注目したのである。学校教育によって、社会的、経済的体制が必然的に生み出す不平等を効果的に是正し得るとデューイは考えた。

デューイが強調した学校教育の第三の機能は、子どもたちの知的、精神的、道徳的な発達をうながすという点であった。一人ひとりの子どもは、それぞれ異なった身体的、知的、道徳的、芸術的能力をもっていて、学校教育を通じてこれらの潜在的能力を十分に発達させることが可能になってくるとデューイは主張したのである。

学校教育の成果は、社会的統合、平等主義、人格的発達という三つの機能について、一人ひとりの子どもに対してどれだけの効果を与えることができたかによってはかられる。それは決して単一の尺度によってはかられるものではなく、一人ひとりの子どもについて固有の、個性的な基準にもとづいて判断されなければならない。このような視点に立つとき、日本における学校教育の現状はデューイの掲げたリベラリズムの教育理念を完全に否定するものとなっている。

リベラリズムの立場に立つデューイの学校教育にかんする三大原則は、わが国の教育基本法の条文にそのままあらわれている。もともと、現代日本の学校教育制度は、第二次世界大戦後の占領期に、マッカーサー総司令部のスタッフによって策定され、文部省の手によって具現化されたものである。その間の経緯については、多くの研究がなされてきたが、ここでは、占領軍のスタッフがもっていた学校教育の理念にふれておきたい。それは、上に述べたジョン・デューイが主張したリベラリズムの思想にもとづくものであった。デューイの思想は、基礎教育制度にもっとも顕著にあらわれている。

小学校、中学校を中心とする基礎教育の制度は、一人ひとりの子どもたちの知的、身体的、情操的発展の過程で、極めて重要な役割を果たし、それぞれ独立した一個の社会的存在として成長してゆくために、不可欠なものとなっているといってよい。教育基本法では、義務教育という表現が用いられていて、いかにも、一人ひとりの子どもたちが、基礎教育を受ける義務が存在しているかのような印象を与えている。しかし、すべての子どもたちが学校教育を受けることができるのは、市民の基本的権利としてであって、政府は、学齢期の子どもたちがすべて、そのときどきの経済的、社会的条件の許す限りにおいて最善の基礎教育を受けることができるように、人的、物理的、制度的諸条件を用意する義務をもつというのが、リベラリズムの思想にもとづく学校教育の考え方だったのである。すなわち、基礎教育にかかわる諸々の人間的能力、物理的施設、制度的諸条件は社会的共通資本としての特質をもっていて、学校をはじめとして基礎教育を提供する組織、制度は決して市場的基準あるいは利潤的動機によって左右されてはならないということがつよく主張されたのである。

基礎教育が社会的共通資本として位置づけられているとき、各小中学校はそれぞれ独立した社会的組織として、職業的規範に従って、経営されることが要請される。これらの組織は決して国家の統治機構の一部として、官僚的支配を受けてはならない。したがって、戦後改革の一環として新しい学校制度が策定されたときには、公選による教育委員会、地域社会の主体的関与、国および地方自治体による財政的負担が打ち出されたわけである。しかし、新しい学校教育制度が具現化される過程で、文部省は、国による財政的負担を奇貨として、極めて中央集権的なかたちで、基礎教育制度を運営してきた。教育委員会は、国という官僚機構の下部組織として末端に位置づけられ、小中学校の校長は、そのまた下に置かれた下級官僚となってしまった。小中学校の教師は、教育サービスを売る労働者となり、聖職としての教師の職業的規範も誇りも失わざるを得なくなってしまったのである。

文部省はまた、教科書検定制度を悪用して、自民党のもっていた、時代錯誤の、偏向したイデオロギーを基礎教育に持ち込んだ。日本社会は現在、経済的、技術的観点からみて、世界でもっとも高い水準を誇っているが、その反面、知性の欠如、道徳的退廃、感性の低俗さという面で、おそらく日本に比較できる国は少ないのではないかと思われる。その、もっとも大きな原因は、戦後五十年間にわたって、日本の基礎教育が文部官僚によって管理、支配されてきたことにあるといっても過言ではないであろう。文部官僚はまた、陰湿な、抑圧的性向をもって知られている。日本の基礎教育制度の欠陥を象徴する「いじめ」の現象の原点は、文部官僚による学校関係者に対する「いじめ」にあるといってもよい。

文部省はまた、基礎教育にかんする教科書の検定制度を通じて、極めて偏向的な歴史観と政治思想とにもとづいた学校教育を強制しようとした。自民党のなかに、通例文教族と呼ばれる政治家の集団があって、文部省関係の予算、人事の面で強力に介入したが、これらの政治家たちは共通して、戦前の皇国史観を髣髴とさせる歴史観と、国家官僚を中心とする極めて権威主義的な政治思想をもっていた。文部省の検定作業は、事細かにこれらの政治家からチェックされ、その意向に忠実に従わざるを得なかったのである。一九九三年六月、四十年近くに及んだ自民党専政の時代は終わったが、文部省の学校教育にかんする基本的姿勢は変わらないまま現在に及んでいる。

「夢の教科書」づくり

私はこれまで長い間、ある書籍会社の小学社会科教科書編集の監修にたずさわってきた。その書籍会社と関わりをもつようになったのは、もう二十年以上も前のことであった。その会社の小学教科書編集担当の方が大学の研究室にお見えになって、新しい社会科教科書の監修者になってもらえないかと言われたときである。教科書編集について、まったく経験もなく、見識ももたない私がお引き受けすることになったのは、担当者のもっておられた教科書編集に対する並々ならぬ情熱とコミットメントに圧倒されてしまったこともあるが、その直前に出版された私の『自動車の社会的費用』（岩波新書）に感動して、私に監修の仕事を依頼にみえられたという言葉に惹かれてしまったというのが偽らざる理由であろう。

それから二十年間にわたって、小学社会科教科書の監修にたずさわってきたわけであるが、その作業を通じて、私自身じつに貴重な学習の機会をもつことができた。その間、編集担当者は代わったが、いずれも、子どもたちがすこやかに、のびのびと人間的な成長ができることを願って社会科の教科書を編集するというリベラリズムの理念に立ち、しかもそれを実際に教科書のかたちに具現化するために必要な編集技術をも兼ね備えた方々であったからである。しかし、この作業は必ずしも単純なものではなかった。とくに文部官僚による教科書検定制度の下で、リベラリズムの理念に沿った教科書をつくるというのは極めて困難なことであった。しかし、この書籍会社の小学社会科教科書は高い評価を得て、その採択率はじつに五〇%を超えるまでになったのである。この前例のない成果はもっぱら編集に当たった方々の努力の結果であるが、編集の基本的方針として、可能なかぎり文部省の設定した内容の空虚な、しかし法的強制力をもつ学習指導要領から自由に、できるだけ子どもたちの知的、倫理的、人間的発達を願って小学校社会科の教科書をつくることを第一義的な目標としたことが私たちの教科書が成功した理由だったといってもよい。

そして次回の教科書はいわゆる平成十二年度本であって、二十一世紀を開く教科書となった。一九九一年八月のソ連社会主義の崩壊に始まって、世界の多くの国々で世紀末ともいうべき現象がおきた。日本もまた、その例外ではなく、社会、経済、文化すべての分野にわたって大きな地殻変動に見舞われた。新しい世紀の小学社会科の教科書は、この世紀末的大激変のもたらすものを的確にとらえて、新しい世代を担う子どもたちが二十一世紀を生きるための指針を与えるものでなければならない。

それは官僚的作文の典型である文部省の学習指導要領に拘束され、その偏見にみちた思想の枠組みに制約されていては、決して実現できるものではない。しかし、文部官僚による教科書検定という現行の法制度の下では、学習指導要領を逸脱した教科書をつくることはできない。この矛盾をどのようにして解決することができるであろうか。私は、編集担当の方々と、この問題について何回も議論を重ねた。幸い、私たちの教科書は上に述べたように圧倒的な採択率を示していたし、編集にたずさわっている人々は、学問的にも、社会的にも主導的な役割を果たしている方々が多かった。そこで、「平成十二年度本」をつくる過程で、ある程度の創造的実験は許されるのではないかという結論に到達したのであった。

いまから五年以上も前のことであるが、私たちはすぐ実際の作業に入った。この書籍会社には、人数は少ないが、卓越した資質とすぐれた能力とをもった若い編集部員がいる。かれらを集めて、研究会をつくった。文部省の学習指導要領から全く自由な立場にたって、小学社会科の教科書をつくるとしたら、どのような単元となるであろうかという課題を出して、各人がそれぞれ自由にテーマを選んで、実際に単元を書き上げるよう求めた。それから二年間にわたって、各人の作成した単元案を検討する研究会をもって、この作業を進めていった。各人がそれぞれ複数の単元案を作成したが、いずれもすばらしい内容と構成をもち、しかも子どもたちの感性にするどく訴え、その知的好奇心を刺激し、学習意欲を大いに高めるものであった。

私は、この研究会の成果を一冊の書物にまとめて、「小学社会――夢の教科書」とでも題して出版することを提案した。できれば文部省が「平成十二年度本」の学習指導要領をつくる前に、私たちの成果を世に問い、可能ならば新しい学習要領作成の過程で参考にしてもらえたらというかすかな希望も抱いていたのである。しかしその案は、営業政策上の理由で取り上げられなかった。

その後しばらく外国に出かけていた留守に、会社はこれまでの経緯を無視して、新しい学習要領に忠実なかたちで編集作業を進めてゆくことを正式に決定したのである。私たちの研究会の作業は一切無視されてしまった。

会社側が、文部省の学習指導要領に忠実に従って「平成十二年度本」の編集を進めるという決定をしたのは止むを得ない実情もあった。その直前、会社は文部省による深刻な「いじめ」にあっていたのである。さきに述べたように私たちの編集した「平成八年度本」の小学社会科教科書は、採択率五〇％を超えるというたいへんな成功を収めたわけであるが、もともと私たちの編集方針に対して批判的であった文部省として快いはずはなかった。

新しい教科書が各小学校に配布された後で、六年生の教科書のなかに些細なミスが発見された。それは、文部省の指示によって削除する予定であった一枚の図版（例の、江戸城明け渡しにかんする西郷隆盛と勝海舟の会見の絵である）が、全くの印刷過程でのミスで最終本に削除されないまま残ってしまった。文部省に何回か陳情にいったのであるが、文部省は頑として受け入れず、会社は、すでに全国の小学校に配布されていた六年用の社会科教科書を全冊回収して、問題の図版を削除した教科書と入れ換えた。このためにかかった費用は巨額に上ったのである。

文部省による専権的な教科書検定というきびしい制約の下で良心的な教科書を編集し、しかも高い採択率を維持しつづけるというのは、極めて困難な作業をともなう。しかし、「平成十二年度本」の社会科教科書を編集するに当たって、文部省との間にこれ以上摩擦の原因となることは極力避けたいという会社側の論理が支配することとなったのは残念でならない。文部省による教科書検定の弊害を乗り超えて、二十一世紀の子どもたちのための社会科教科書として、真の意味で知的、啓発的であり、しかも子どもたちの人間的発展に寄与しうる教科書をつくるという夢は、どうすれば実現できるのか。これは現在私にとってもっとも重い課題である。

参考文献：『日本の教育を考える』岩波新書

第12章

大学で「学び」を心ゆくまで楽しむ

一九九六年のことであるが、私は、東京大学教養学部の一人の教授からお手紙をいただいた。学部側が一方的に駒場寮を廃寮処分にしようとして、学生の寮委員会との深刻な対立が起きている。是非一度駒場キャンパスにきて、実態をみてほしいという内容であった。受け取った翌日、私は駒場寮を訪れて、寮委員会のメンバーをはじめとして数多くの学生に会って、話し合う機会をもった。

私自身、戦争末期から戦後の混乱期にかけて、駒場で三年間の寮生活をおくった。当時の駒場は第一高等学校であった。旧制高校は、リベラル・アーツを中心とした本来の意味における大学としての機能を果たしていたが、そのもっとも特徴的な制度は、ほぼ完全な学生自治による全寮制度であった。私は駒場寮の三年間を通じて、数多くのすぐれた教授たちと親しく接することができ、また生涯心を許し合える数多くの友人を得ることができた。また、駒場寮の三年間は私にとって、自我に目覚め、自らの人格形成をはかるという点でこの上もない貴重な体験であった。駒場は私にとってまさに鹿野苑《ろくやおん》というべき存在であって、駒場キャンパスを訪れるたびに、私はきびしい緊張感とつよい懐旧の念を抱かざるを得ないのである。

駒場寮問題を憂う

つぎに引用する文章は、そのとき駒場の寮委員会の諸君に依頼されて書いたものである。

駒場キャンパスで現在信じがたいことがおこっている。大学当局が駒場寮の立ち退きを要求して、ブルドーザーで施設の一部を壊そうとしたり、電気・ガスを止めるという暴挙に出ているのである。あまつさえ原因不明の放火事件までおこり、「バブル」形成期酣《たけなわ》の頃の、住専から融資を受けた暴力団紛《まが》いの不動産業者を髣髴とさせるものがある。CCLと称する開発計画を強行しようとしている点などまさにその感をつよくせざるを得ない。

しかし事態ははるかに深刻である。というのは、大学当局が文部省の意を受けて、駒場寮の自治制度を廃止して、新制大学移行後も綿々として伝えられてきた真の意味における大学の自由の息の根を、完全に止めてしまおうとしていることである。

私は、戦争末期から戦後の混乱期にかけて、駒場寮で三年間生活した。当時の一高は全寮制をたてまえとして、ほぼ完全な自治制度がおこなわれていた（寮委員会による退寮処分はほぼ自動的に退学処分を意味していた）。十代後半の多感な若者たちが起居を共にして、学業に励むという、旧制高等学校の三年間が、私たちの人格形成、精神発展の過程で果たした役割は大きかった。しかし、それにもまして、学寮の自治制度は、大学の自由を守り、人間的尊厳と魂の自由を守るという点で、重要な役割を果たしていた。

私が駒場寮に入寮する直前、駒場寮だけでなく、一高自体の廃校という危機的状況がおこった。学寮の自治制度を中心とした、当時の一高がリベラリズムの温床とみなされて、軍部から文部省に対して一高の廃校がつよく要求された。そのとき、多くの先生方が、駒場寮に泊まり込んで、私たちと起居を共にして、軍部からの要求に対して、敢然として、駒場寮の自治制を守って下さったのである。駒場寮の自治、あるいは第一高等学校自体が、この勇気ある先生方によって救われたわけであるが、先生方の犠牲は大きかった。なかでも、木村健康先生の場合、そのリベラリズムの思想の故に、憲兵隊に長期間にわたって拘置された。木村先生が釈放されて、駒場寮に戻ってこられたとき、心身ともに傷ついて廃人のような姿になってしまっておられた。おそらく憲兵隊による厳しい拷問を受けられた結果だと思うが、先生は決してそのことを語られなかった。因《ちな》みに木村先生はずっと後になってから、私の経済学での師になられた方である。

木村先生を始めとして多くの先生方が、死を賭して守られた駒場寮の自治制度も、戦後の学制改革の過程で形骸化されてしまった。一九四七年、文部省が占領軍の指示を巧みにサボタージュして、新しい学校制度を打ち出したとき、一高の全寮制がそのかっこうのターゲットにされた。当時校長であった天野貞祐《ていゆう》先生は新学制移行に反対されて、一高校長を辞任されたが、そのとき全校生徒を倫理講堂に集めて辞任の訓示をされた。全寮自治制を根幹とする旧制高等学校の廃止は、日本の社会的、歴史的条件を無視して、日本の将来を危うくするものであるという天野先生の声涙共に下る名告辞に、私たちはしんとして聞き入ったものである。自分はいまここに一高校長を辞し、野に下ってカントの研究に還るという天野先生の言葉は、いまでも私の耳に鮮やかに残っている。ところが、それから一月足らずして、天野先生は文部大臣になられて、新学制移行の名目的責任者になられた。私はいまでも釈然としないものをもっている。

文部省が導入した新制大学の制度は、大学を国家権力の一機構として位置づけようとするものであって、教授と学生とが一体となって学問の自治を守り、その創造的発展を可能にするという真の意味における大学のあり方とは、もともと矛盾するものであった。文部省はその偏向したイデオロギーにもとづいて、大学の内部にゆがんだヒエラルキー構造をつくった。駒場を予備的、セカンダリーなものとして位置づけ、本郷に従属するような形で、制度、予算、人事を執行していった。

真の意味における大学は、あくまでも「リベラル・アーツ」をその中核において、法学、工学、医学などの応用分野をその周辺におくものである。偏見にとらわれることなく、自由で、人間的な立場に立って「真理」を探究する「リベラル・アーツ」こそ大学の中心に位置しなければならないということは、ケンブリッジ、オクスフォード、ハーヴァードなどを例に引くまでもなく明らかであろう。この「リベラル・アーツ」の伝統はたんに、教授の自由・自治だけでなく、学生の自治を前提にしてはじめて、存続し得る。

東大紛争のとき、学生たちから提起された大学のあり方に対して、誠実に、真摯に対応しようという動きが教官たちのなかからおこり、丸山真男先生を中心として、東大改革の基本的な考え方が作成された。それは本郷の学部をそれぞれ独立した法学専門学校、経済学専門学校などの形にして、東京大学の中核を駒場において「リベラル・アーツ」を中心にしようというものであった。そして、全寮制は無理としても、学生の自治を中心として、制度を整備しようという考え方がその基礎にあった。しかし、この丸山案はとうとう日の目を見ずして、丸山先生御自身も東大を辞められてしまった。その後、東大は文部官僚の低俗かつ、偏向した思想にもとづいて、「改革」が進められてきた。その結果として、東大がこれまで維持してきた学問的優位性が、多くの分野で失われて、代わって、建物、施設の面だけで空虚な華美性を誇るようになってしまった。CCLの開発計画に象徴されるとおりであるが、それによって旧制一高以来のすぐれた伝統を保ってきた駒場寮の解体、それにともなって大学の基本的精神が崩壊しつつあることを、私は深く憂うものである。

一九九六年五月二十日　宇沢弘文

東京大学教養学部でおきた異常な現象は、東京大学に限らず、多かれ少なかれ全国の大学に共通してみられるものである。それは、一九四七年にはじまった新学制のもつ内在的矛盾が、半世紀近くたって、たんなる微修正ではすまされないような次元の問題を生み出すようになってきたからである。しかも、文部省は、この矛盾にかんして的確な認識を欠くだけでなく、偏見に充ちた大学行政を強行していて、大学をとりまく状況はいっそう混乱を極めたものとなっている。

新制大学の、もっとも深刻な矛盾は、各学部における専門教育と一般教養との間の緊張関係にかかわるものである。それは多くの大学で学部教育のあり方について、深刻な反省を迫られており、具体的な改革案の形となってあらわれているところが少なくない。

しかし、それらの多くは、東京大学の場合にみられるように、研究・教育の自由を大幅に制約し、建物・施設の充実のみを求めようとするものである。そこには、人間の尊厳を守り、魂の自由を求めるというリベラリズムの精神はなくなって、世俗的な名誉と即物的な便益のみを追って、大学としての存在が危ぶまれるものが多い。

自由に自主的に選ぶ

私が大学の理想像として考えているのは、清岡卓行《たかゆき》の名著『詩礼伝家』に描かれている世界である。『詩礼伝家』には旧制一高の漢文の教師であった阿藤伯海《はくみ》先生と、先生に師事した何人かの生徒たちのすばらしい交友が美しい文章で記されている。阿藤先生と清岡卓行自身をはじめとして、先生の学問的後継者である高木友之助、元日銀総裁の三重野康たちとの間の師友の交情はまさにリベラリズムの精神に則った真の意味における大学のあるべき姿を示すものである。

『詩礼伝家』の中心人物の一人である高木友之助さんはある大学の総長をされていた。

私はその大学に一つの大学の理想を求めてきた。これまで接してきたその大学の学生諸君の多くは、私がもっているこのイメージを裏書きするものであった。しかし大学の実態を知るとともに私の持っているイメージは単なる幻影に過ぎないのではないかという危惧がつよくなりつつある。とくにはじめて入学式に参列して、学長訓話を聞くに及んで、その感をいっそうつよくもたざるを得なかった。そこには官権専制の明治期に、リベラリズムの旗を揚げ、アカデミズムの自由を高らかに謳ってその大学を創立した先人たちの高邁《こうまい》な理想と学問的情熱は跡形もなく消え失せ、功利主義的残渣《ざんさ》を追うフィリスティン（ペリシテ人、実利主義者）の姿しかないと感じたのは私だけだったであろうか。この印象は、「経済学部改革案」をみるに及んで決定的なものとなったように思う。

その大学の経済学部の数多くの学生と、教室およびその他の場所で接触する機会をもつことができた。また、大学院生を中心として最近の学部卒業生とも話し合う機会を数多くもってきた。私が接触した学部学生および最近の卒業生についてはきわめて特徴的なコントラストがみられる。一方では、その数は多くはないが、たいへんすぐれた学識と知性を兼ね備えた学生がいる反面、大多数の学生は経済学の基本的知識、考え方について必ずしも満足できるものではないということである。

経済学の基本的概念のオペレーショナル（operational）な理解もまた、現実の経済現象を経済学的に考察し、分析するという能力、習慣も充分身につけてはいないように見受けられる。たとえば資本の限界効率と投資の限界効率との概念的差異、そのマクロ経済的なインプリケーション（implication）などについて正確な理解をもっていない学生、あるいは貨幣供給のメカニズム、外国為替市場等の制度にかんするファクテュル（factual）な知識と理論的理解をもっていない学生が少なからず存在する。しかしこれらの学生の大部分がいずれも、すぐれた知的能力と魅力的な人間性の持ち主だということは、私にとってたいへん感動的であるが、率直に言うならば、経済学部における教育の現状は、専門科目としての経済学を学生に教授するという本来の責務を充分に果たしていないのではないかという疑念をぬぐいさることはできない。

経済学部における経済学教育のもっとも大きな問題点は、カリキュラムの過密にあるように思われる。このため、学生が講義で学んだことについて、充分に時間をかけて、復習したり、関連する書物、文献を読んだり、また友人と議論をする時間的余裕がほとんどない。とくに経済原論Ⅰ、Ⅱ、公共経済学などの経済理論の基礎的科目について、このことはとくに深刻な帰結をもたらしていることは上にのべたとおりである。これらの科目については、少人数のセクションに分けて、演習方式をできるだけ取り入れて、学生が経済理論の基礎を実践的に理解できるようにすべきである。そのためにはどうしても、大学院生がティーチング・アシスタントとして学生の指導に当たることが必要になってくる。このティーチング・アシスタントの制度は、大学院教育という観点からも望ましいものであり、日本でもすでに、多くの大学で実際におこなわれている。

また経済理論の基礎にかんする科目に限らず、大学における講義はすべて少人数のクラスを原則とすべきである。そのために、現在設置されている科目を減らすのではなく、学生の履修科目を全体として可能な限り減らし、同時にすべて選択ないしは選択必修とすることが望ましい。

要は、学生一人ひとりがもっている学問的情熱、知的好奇心、職業的アスピレーション（aspiration 熱意、抱負）にふさわしい形でそれぞれの履修科目を自由に自主的に選ぶことができるようにすることが、真の意味における大学改革のもっとも重要な視点でなければならない。しかし経済学部の改革案をみると、現在ある四つの学科をさらに細分化して、それぞれのコースで履修できる科目を恣意的に決めようとしているのである。これらのコースは学問的観点からまったく無意味なものが少なくないが、もっと深刻なことは、学生が主体的に、個性的に学問と関わりをもつことを阻害しようとすることである。

心ゆくまで楽しむことができる

一般教養科目について、その重要性は、どれだけ強調しても強調しすぎるということはない。専門分野としての経済学の学習はあくまでも、リベラル・アーツを前提として初めてその意味があるわけで、専門科目と一般教養科目とは、大学における経済学教育の車の両輪であるといってもよい。しかし、学生が一般教養科目を受講するとき、それは決して強制的な性格をもってはならず、学生の主体的関与、自主的な選択に委ねるべきである。また、一般教養科目は、専門科目と同じように、あるいはそれ以上に少人数のクラスを中心とすべきであって、教師と学生との個性的琢磨、交流が必要になってくる。このような点からも、一般教養科目は原則として選択とし、履修科目も大幅に減らす方が教育効果が大きくなる。

もし仮に、一般教養科目担当の教師が——このことは専門科目の場合にも当然妥当することであるが——自らの学問的領域に対する主観的価値判断に基づいた教育理念に執着したり、あるいは学部内における自らのレーゾンデートルを守るために、学生に現在以上の過重な負担をかけるようなカリキュラム改革を企てることがあるとすれば、経済学部が負っている、専門分野としての経済学の研究、教育という重いマンデートに背き、その社会的責任は極めて大きいものがあると言わざるを得ない。

公共経済学科については、短大卒業者の編入制度が深刻な問題を提起している。このままでは編入学生の大部分が、専門分野としての経済学を修得することはほぼ不可能となってしまうのではなかろうか。編入学生の大多数は経済学にかんする知識が欠如しているだけでなく、一般教養の面でも不充分な点が多い。しかも、超過密のカリキュラムを強いられていて、わずか二年間で、四年分の専門科目と一般教養をとらなければならない。知的にも、肉体的にも、とても消化することは不可能に思われる。そのためか、なかには信じられないようなこともおこっている。

たとえば、昨年度編入学して、公共経済学を履修しなかった複数の学生が、今年の六月末になって初めて教室にやってきて言うには、「昨年度はゼミをとったため公共経済学を履修できず、今年は、これまで就職活動をしていて講義に出られなかったので、何とかしてほしい」。公共経済学を教えるのに全力を注いでいる私としてはがっかりしてしまったが、これまでたいへんな苦労をして勉強してきた公共経済学履修の学生諸君のモラルにも必ずしもよい効果を与えていないのではないだろうか。いずれにせよ、現行の編入学制度は大きな矛盾を抱えていて、このままの形でつづけることはかなり困難であるように思われる。学部全体改革の一環として、公共経済学科のあり方について、根本的な見直しが、極めて緊急度の高い課題であると言ってもよいであろう。

私がこれまでに知り合ったその大学の学生についてほぼ共通している性格がある。それはみんなのびのびとしておおらかな性格の持ち主で、妙な偏見とか人生観にとらわれている学生がごく少数しかいないということである。その点はたとえば東京大学の学生に比して、きわ立って目につくことである。その一つの原因は、共通一次あるいはセンター試験にあるのではないだろうか。

共通一次試験ほど非人間的で野蛮な制度はないと思う。とくにコンピューターを使って採点するため、試験問題の性格も限られてしまって、どうしても浅薄な記憶だけに頼る「くさった」問題が中心となってしまう。そのうえ、受験生は鉛筆で小さなところをつぶす訓練を受けなければならない。十代の多感な、成育盛りの子どもたちにこのような残酷な試験を課するということは人道的な見地からも問題となってしかるべきだという気もする。

東京大学にいたときのことであるが、ある時期から経済学部に進学してくる学生のなかに眼が細く、鋭い感じをもっている学生が多くなって、新興宗教関係の学生がふえたのかと思っていた。ところがよく聞いてみると、共通一次の受験勉強のやり過ぎだということがわかってほっとしたことがあった。しかし、共通一次になってから、学生の資質、人間的魅力に大きな変化がおこったことは事実である。それに比べると、その大学の学生は共通一次という非人間的な試験にとらわれずに、自由な高校生活をおくってきたという点で資質的にも、また能力的にもすぐれているように思う。この学生たちが、できるだけリベラルな雰囲気のなかで、学問的な研鑽を積み、多くのすぐれた教師友人と交わって、十代の終わりから二十代の始めにかけての人生の一番大事な時期を心ゆくまで楽しむことができるような環境をつくりたいと願うのは私だけではないであろう。

原文は一九九六年六月記す

第13章

ビールを飲みにゆく心のゆとり

私はながいこと、アメリカのいくつかの大学で教えた経験をもつ。いずれも、すぐれたアカデミックな伝統をもち、リベラルな雰囲気をもつ「いい」大学だった。これらの大学が共通してもっていた思想をもっとも的確に表現するのが福沢諭吉のリベラルな考え方である。これらのリベラルな大学では、ボウルズ＝ギンタスの「対応原理」が示すように、大学人が何ら外的な規則や不文律にとらわれることなく、それぞれ自らの倫理的規範と職業的性向にしたがって、自由に、生き生きと行動することができたのである。

社交的な飲み物

福沢諭吉はいうまでもなく、明治の日本の生んだもっとも偉大な教育者の一人である。諭吉は、数多くのすぐれた業績、著作を残しているが、同時に、かれ自身の生き方自体を通じて、大学教育のあり方について、貴重な規範を与えている。

もうずっと昔のことになるが、福沢諭吉の日記を読んでいて、次のようなエントリーに出会った。諭吉が咸臨丸《かんりんまる》でアメリカに行く前のことである。

今日の午後、横浜の外国人居留地に行って、生まれて初めて麦酒（ビール）と称するものを飲んだ。外国人はビールを飲みながら、活発に議論をしている。まさに談論風発という感じであった。ビールというのは極めて「社交的な飲み物」だ。それに比べると、日本酒は一人さびしく飲むものである。

私はこのエントリーを読んで、諭吉のするどい、物事の本質を見抜く観察の目に改めてつよく印象づけられたことを記憶している。ちなみに、麦酒と書いて、ビールと読ませるのは、諭吉が最初だったのではなかろうか。

諭吉の酒好きは、子どもの頃から有名だった。とくに、二十代の前半、大阪の適塾で、緒方洪庵の下で学んでいた頃、諭吉の酒好きのエピソードがいくつか伝わっている。諭吉が禁酒の宣言をしたところ、だれもまともに受け取らなかった。禁酒が容易になるといわれて煙草を始めたところ、結局一生酒と煙草を両方とも止められなくなってしまったと、諭吉は『福翁自伝』のなかで嘆いている。諭吉はまた、自分は何の欠点もないと思うが、酒を飲むことだけが欠点だと、これも『福翁自伝』のなかで述べている。しかし、諭吉にとって酒を飲むというのは、彼のもっていたリベラリズムの思想と切り離せないものだったのではなかったかという気もする。

福沢諭吉のもっていたリベラリズムの思想を象徴する有名なエピソードがある。諭吉が咸臨丸に乗って、初めてアメリカに渡ったときのことである。じつは、諭吉はアメリカに行きたいという希望をつよくもっていたが、何のつてもなかった。そこで、幕府からアメリカに送られる使節団の正使木村摂津守の召使いに雇われて、咸臨丸に乗り込むことに成功したのである。ところが、諭吉は咸臨丸のなかの階級制のきびしさに驚き、かつ憤慨する。一般に船のなかは階級制がきびしいところであるが、使節団のなかにあった当時の日本の社会の階級制と相乗効果をともなって、咸臨丸のなかの階級制がひどいものであったことは想像に余りある。諭吉は船のなかで、二人の最下級の若い水夫と親しくなった。そして、かれらの食事があまりにもまずしく、その居住条件があまりにも悪いことを知って、同情するとともに、大いに憤激する。そのうちの一人がとうとう栄養失調と過労から病気になってしまった。諭吉が酔っ払って、このことで正使木村摂津守と大喧嘩して、馘首《かくしゅ》になりそうになったりしたエピソードが残っている。「天は人の上に人をつくらず、人の下に人をつくらず」という言葉は、諭吉が若い時から、常に心に留めていた言葉である。

咸臨丸がサンフランシスコに着いたとき、その若い水夫が亡くなってしまった。そこで、諭吉は一人で異郷のサンフランシスコに留まって、亡くなった若い水夫のお墓を設計し、その完成を見届けてから、使節団の一行の後を追った。それから何年かして、諭吉はふたたびアメリカに派遣された使節団に加わった。そのときは、かなりえらくなっていて自由がきく身だったので、使節団の一行から離れて一人だけサンフランシスコに寄り、亡くなった若い水夫のお墓にお参りしたという。私は、この、諭吉のエピソードを聞くたびに、アダム・スミスの『道徳感情論』（*The Theory of Moral Sentiments*）を思いおこし、経済学の原点をみる思いがする。

ビールを飲みにゆく心のゆとり

外国の大学ではどこでも、セミナーのあと、スピーカーを囲んで、みんなでビールを飲むのが慣例となっている。セミナーの席では、いろいろな制約があって、どうしても自由に発言することができない。ビールという「社交的な飲み物」を触媒として、セミナーの席でなかなか踏み込めなかった問題を中心として、みんなで話し合っていると、予期しなかったような展開になることが多く、ときにはまったく新しい発想が生まれることも少なくない。私はいつも諭吉の日記のエントリーを思い出しながら、みんなと一緒にビールを飲んでいたものである。

私はシカゴ大学にいたころ、ナショナル・サイエンス・ファウンデーション（National Science Foundation）を説得して、学生を集めて、自由にビールを飲み、ご馳走を食べることができるというぜいたくな研究費をもらっていた。当時の研究費は大部分がコンピューター関係に使われていた（今でもそうだ）が、私はコンピューターの代わりに、学生とビールを飲みながら、新しい研究をやっているという名目で研究費をもらったのである。毎年、かなりの額の研究費をもらって、十人ほどの大学院生を夏の三か月間、ＶＩＰ待遇でシカゴに招いて、毎日セミナーをして、そのあとみんなで、ビールを飲みながら、楽しく「研究」をつづけたのである。その学生たちの多くは立派な研究者となって、今も活躍している。

その中の一人にジョーセフ・スティグリッツ（Joseph E. Stiglitz）という、天才的な頭脳と魅力的な人柄をもった学生がいた。それから何年かして、スティグリッツをスター・プロフェッサーとしてシカゴ大学に招くことになった。その人事の手続きの意味を兼ねて、スティグリッツにセミナーをやってもらうことになった。

シカゴ大学の近くに「ジミーズ」というビールを飲ませる所があって、シカゴ大学専用の大きな部屋も用意してあった。スティグリッツのセミナーが終わって、私たちは例によってスティグリッツを囲んで、セミナーのつづきをやりながら、「ジミーズ」に向かった。ところが、その途中で、三人ほどの少年たちが、一人の老人を取り囲んで、お金を強奪している場面に出くわしてしまった。私はしまったと思ったが、すでに遅かった。スティグリッツはその事件でシカゴ大学に来る気持ちがまったくなくなってしまった。スティグリッツは、そのあと、アメリカを去って、何年も外国の大学で教えることになった。

じつは、スティグリッツが前にシカゴ大学で夏を過ごしたときからわずか数年の間に、シカゴ大学近辺の様子はすっかり変わってしまった。もっぱらヴェトナム戦争の影響を受けて、アメリカ社会の荒廃は極端な形で進み、シカゴのような大都市はもはや、人間の住めるような環境ではなくなってしまった。スティグリッツと連れ立って、「ジミーズ」に向かったときに出くわしたような事件はほとんど毎日のように起きていたのである。そのような少年たちは例外なくピストルをもっていて、人を殺すのを何とも思っていないような連中だった。私たちはそのような事件に出くわしても、お金で済むことならと、見て見ぬ振りをして、通りすぎるのにすっかり慣れてしまっていた。

ヴェトナム戦争が終わってもう三十年近く経つが、ヴェトナム戦争によって受けたアメリカ社会の傷は深く、いまなお重いものが残っている。つい最近も、アメリカのある大学に招ばれて、一月ほど過ごしたが、恐怖に晒《さら》されながら、毎日を送るという感じだった。その大学はアメリカでもっとも歴史の古い、由緒ある大学の一つで、落ちついた、品のよいまちのなかにあって、かつては私がもっとも好きな大学だった。しかし、その雰囲気はすっかり変わってしまって、今は殺伐として、非人間的なものになってしまった。セミナーをしても、そのあとみんなで連れ立って、「社交的な飲み物」であるビールを飲みにゆくというような心のゆとりはすっかりなくなってしまっていた。私はその大学で毎日を送りながら、福沢諭吉が横浜の外国人居留地で、生まれて初めてビールを飲んで、「社交的な飲み物」だと日記に記した時代をなつかしく思ったものである。そして、アメリカでも、かつてのすぐれた大学がもっていたリベラルな雰囲気はすでに過去のものとなってしまったという印象をつよくもたざるを得なかった。

ちなみに、ジョーセフ・スティグリッツは、二〇〇一年、ノーベル経済学賞を受賞した。同じナショナル・サイエンス・ファウンデーションのセミナーの仲間の一人、ジョージ・アカロフ（George A. Akerlof）、マイケル・スペンス（A. Michael Spence）と一緒であった。

私は、二〇〇三年四月、同志社大学に新設された社会的共通資本研究センターの所長に任命された。長年の夢であった社会的共通資本の研究に本格的に取り組むことになったわけであるが、ジョーセフ・スティグリッツを中心として、ケネス・アロー、ロバート・ソロー、パーサ・ダスグプタ、カリーヨラン・メーラーという当代最高の経済学者たちが、この社会的共通資本研究センターの設立に賛同して、センターの運営に積極的に関わってくださることになっている。

同志社大学の創立者新島襄はアマースト・カレッジの卒業生である。新島襄はアマースト・カレッジを一つの規範として同志社大学を創立したといわれているが、たまたま、ジョーセフ・スティグリッツもアマースト・カレッジの卒業生で、現在、アマースト・カレッジの理事をしている。このほど、スティグリッツが同志社大学から名誉学位を受けることになった。同じときに、社会的共通資本研究センターの開設を記念して、第一回の公開講演会が開かれ、スティグリッツが「環境と経済発展」と題して、基調講演をおこなった。

社会的共通資本研究センターには、「竹の高度利用に関する応用工学研究」という部門がある。じつは、同志社大学工学部には、藤井透教授をリーダーとする竹の応用工学的研究の世界的センターがあって、新設された社会的共通資本研究センターは、その延長線上にあるといってよい。同志社大学の工学部は京田辺にある。トマス・エディソンがつくった最初の電球には竹の繊維が使われていたが、それは京田辺の近くにある八幡の竹林からとった竹である。第二回のセンター開設公開講演会は、この竹に縁の深い京田辺で盛大に開催された。

竹の高度利用

地球資源の有限性と大気中のCO_2の増加に目を向けるとき、化石資源から再生産可能な天然資源への転換を図ることは極めて重要な意味をもつ。再生産可能な天然資源のなかで中心的な役割を果たすのは森林であるが、森林の再生産期間は一般に長く、現在の木材の消費量の下で、世界的な規模で森林破壊が進みつつある。しかもその最終処分として焼却されるとき、大量のCO_2が排出される。これに反して、竹は、その再生産期間が極めて短く、また多様な構造的特質をもち、その工業的利用の可能性も大きい、わが国で唯一の持続的再生産可能な天然資源といってもよい。しかし、竹の工業的利用は極めて限定的であり、また、その有効利用と潜在的機能に関する研究も充分におこなわれていない。

竹は東南アジアに広く自生する熱帯性植物であるが、その他の地域には、中南米の一部とアフリカのごく一部を除いては、自生していない、極めてアジア的な植物である。わが国でも東北の一部、北海道を除いて、全国的に幅広く分布する。わが国の代表的な竹である孟宗竹や真竹は長さ十〜十五メートル、直径十五センチメートル以上、一本の重量は四十キログラムを超えるが、成竹までに一か年を要しない。また、竹は、一平方メートル当たり五〜十五本も密生して生育する。

竹は、昔から、強くて、軽い材料として、土壁の保護骨、天井材など、日本家屋の建築材料として用いられてきた。現在でも、東南アジアの国々では、建築用の足場パイプなどの構造部材として用いられている。竹の強くて、軽いという特質は、竹の中空構造に加え、極めて特徴的なミクロ構造による。竹の長手方向に貫く維管束鞘《いかんそくしょう》は三〜五本の竹繊維束と導管、師管から構成されているが、竹繊維は比強度が高く、「天然のガラス繊維」と呼ばれている。竹の繊維を、高品位に、かつ効率的に取り出すことができれば、ガラス繊維やその他の石油合成系繊維の代替になり得る。また、維管束鞘を取り巻く木質部の主成分はリグニンであり、新たな利用が模索されている。竹のもつ強い抗菌機能の有効利用のための技術の開発や、その他の生態保全物質の探求が望まれている。

参考文献：『文学』増刊「酒と日本文化」一九九七年十一月、岩波書店

第14章

ケンブリッジのカレッジで

私は、一九六〇年代の半ば頃、一年間ほどの期間であったが、ケンブリッジのあるカレッジでフェローをしていたことがある。当時、ケンブリッジ大学は二十六のカレッジから構成されていた。ケンブリッジ大学自体は、国からの予算で運営されているが、各カレッジは、私立の組織で、私的な性格をもつ資金によって運営されている。カレッジは、二、三の例外をのぞいては、全寮制で、四年制のリベラル・アーツを中心とする、文字通りの「学館」である。学生たちは、各カレッジで寝泊まりして、講義を聞きに、大学に通うわけである。カレッジはそれぞれ、かなり豊かな基金をもっていて、人事的にも、財政的にも完全に独立した組織であった。カレッジは、法的には、フェローの集団が所有していて、カレッジにかかわることがらはすべて管理、運営していた。フェローは原則として、カレッジで寝泊まりするか、あるいは近くに住居を構えるかして、常にカレッジの日常に関わり、学生とつき合っていた。学生の入学は、各カレッジが、それぞれ独自の方法によって、独自の判断にもとづいて決められていた。

カレッジの財政、経理の担当者は、バーサー（Bursar）といって、マスター（Master）についで、責任あるポストであった。ちなみに、ケインズはキングズ・カレッジのバーサーであった。ケインズのあとを継いでキングズのバーサーになったのはリチャード・カーンである。各カレッジは、カレッジに名画をかかげることと名ワインを揃えることを競っていた。それぞれ、ハンギング・コミッティー（Hanging Committee）とセラーズ・コミッティー（Cellars Committee）が担当していて、フェローのなかでも、かなりシニアな人たちが委員になっていた。

フェローの大部分は、大学のアポイントメントをもっていたが、そうでない人もいた。各フェローの収入は、大学からとカレッジからを合わせて、それぞれ「ふさわしい」額になるようにカレッジが調整していた。カレッジからの収入は、配当（Dividends）とよばれていた。これは、もともと、カレッジの収入は、その基金の投資に対する配当、利益からなっていたからである。ちなみに、私のいたカレッジの基金は、かつての英領植民地ローデシアにおける投資が中心で、ロスチャイルド家に管理が委任されていた。

学生の入学は、各カレッジが、それぞれ独自の方法によって、独自の判断にもとづいて決めていた。カレッジへの入学を許されると、自動的にケンブリッジ大学の学生となる。私がいたころには、非常にいい政府の奨学金制度があった。家の収入が少ない学生には、大学の授業料とカレッジのルーム・アンド・ボード（Room & Board）が全額支給されていた。多くなるにつれて減額され、ある水準以上になると、奨学金はもらえなくなるという制度であった。もちろん、返還する必要はなかった。カレッジの授業料とルーム・アンド・ボードはかなりの高額になるので、この奨学金制度のもつ意味は大きかった。

学生の入学を各カレッジが独自の方法、基準によって決めていることの意味もまた大きかった。私のいたカレッジでは、学生の入学はもっぱら、シニア・チューター（Senior Tutor）がほとんど一人で決めていた。シニア・チューターというのは、文字どおり、マスター、バーサーに次ぐシニアな人がなっていた。当時のシニア・チューターだった人（R. H. Tizzard）もたいへんな学者で、かなり年配の方であったが、それこそ一年中、ほとんど休む暇もないほど、イギリス中を飛び回っていた。それは、カレッジに入学を希望している生徒がいると、その生徒の家を訪ねていって、本人や家族の人たちに会ったり、またその生徒の学校に行って、先生たちから直接話を聞いたり、その生徒の友人たちと一緒にお茶を飲んだりするのであった。そして、その生徒が、カレッジの学生になったとき、本人の人間的、人格的成長にどれだけプラスになるか、をいろいろな角度から考える。さらに、カレッジの立場にたって、その生徒がカレッジのイメージにふさわしいかどうかを判断した上で、カレッジへの入学を認めるかどうかを決めるのである。この、学生の入学にかんするシニア・チューターの仕事は、神経を使う、たいへんなものであった。

私は、シニア・チューターとよく、カレッジの晩餐《ばんさん》の席で隣になったり、二人だけで食事したりすることがあった。そのたびに、かれは、その前日、あるいはその日に、どんな生徒に会って、どんな所に行ったかをくわしく話をしていた。かれは、おそらく、自分自身の判断に対して、絶えず同僚の同意なり、あるいは批判なりを求めていたのではないかと思う。

シニア・チューターは、すぐれた業績をあげた物理学者で、すばらしい人柄の持ち主だった。老齢にも拘わらず、カレッジのため、学生のために、心血を注いでいる姿は崇高であった。フェローたちがシニア・チューターに対してもっている信頼感は絶大なものがあった。学生の入学にかんするシニア・チューターの判断に異を唱えるものは一人もいなかったのである。

ある日、昼食のとき、私はシニア・チューターと隣り合わせになった。かれは、その前日、イギリスのもっとも北に位置する村に、私たちのカレッジに入学を志望する生徒がいると聞いて出かけたというのである。ところが、その生徒の父親は、かれの親友で、ケンブリッジのカレッジで同室だった人だったという。久し振りに親友と会って、なつかしかったといって、その親友がどういう人だったか、どういう生き方をしてきたかを楽しそうに、くわしく話した。私が、それで、その生徒の入学のことはどうなるのかを聞いたところ、かれは答えた。

「もちろん入れる。その生徒の父親がすばらしい人物であることをよく知っているし、また、生徒自身の生き方、アスピレーションは私たちのカレッジにふさわしい。きっと入学すれば、その生徒は、人間的、知的な面で大きく成長するに違いないと思うからだ」

カレッジの学生は、講義を聞きに大学に通うのが建前であるが、みんなあまり、熱心ではなかった。とくに、社会科学や人文科学の分野では、大学の講義は、大教室でおこなわれ、形式的なものが多く、内容も新しいものはなかった。学期末の試験さえ受かれば、卒業できるということもあって、大部分の学生は、自分の部屋や図書室で本を読んでいた。午後になると、カレッジの芝生で、仲間同士で軽いラグビーに興じたり、あるいは、カム河にボートを漕ぎに出かけたりして、遊んでいた。夕方になると、カレッジのコモンズに集まって、みんなでビールを飲むのが日課であった。

カレッジの学生は、毎週一回、チューターのフェローに会って、勉強のことを中心に一時間ほど話をすることになっていた。毎回、宿題のようなものをもらって、かんたんなペーパーにまとめて出して、チューターがそれにコメントしたり、新しい宿題を出したりしていたようである。じつは、私は、大学の経済学部の大学院の学生を何人か、面倒をみることになっていて、カレッジの学生のチューターをしていなかった。それでも、コモンズで、学生とビールを飲むのにはつき合っていた。学生たちの話で、とくに印象にのこっていることがある。

ケンブリッジをトップで卒業する学生の大部分は、パブリック・スクールの先生になるという。少し成績が落ちる学生は、研究者を志すか、公務員を志望する。いちばん成績の悪い学生は銀行に行くという。そして、かれらにとって、人生の最高の夢は、イートンとか、ラグビーという名門のパブリック・スクールのマスター、つまり校長になることだという。

私がいたケンブリッジのカレッジは、ほとんど大学の理想像に近いものであった。カレッジの雰囲気は、かつての一高の寄宿寮とそっくりで、四年制のリベラル・アーツの大学の理想像に近いものであった。社会的共通資本としての大学のあり方を考えるとき、私が心のなかに描いていたのはいつも、このカレッジのイメージであった。

しかし、私が日本に帰るか、ケンブリッジに残るかという選択を迫られたとき、そのカレッジが――というよりはイギリスの大学一般がといった方が的確かもしれないが――もっていた二つのことがあって、私にはどうしてもケンブリッジに残るという選択をすることができなかったのである。

第一は、カレッジの自由で、闊達《かったつ》な、アカデミックな雰囲気を支えていたのは、その潤沢な基金からの配当であるということであった。それは大部分、かつての英領植民地ローデシアにおける投資からなっていた。イギリスの植民地支配は、人類の長い植民地の歴史のなかでも、きわ立って残虐、陰惨なものであって、人間を徹底的に搾取し、自然を破壊しつくした。その搾取と破壊を考えざるを得なかったからである。

第二は、カレッジのフェローたちの大部分がもっていた、エリザベス女王の騎士として、大英帝国を守っているという意識であった。イギリス王室――というよりエリザベス女王といった方が正確かもしれない――に対して、ほとんど仲間という感じに近い親近感をもっていて、自分たちがエリザベス女王を守って、大英帝国の栄華と繁栄を支えているのだという意識は、フェローたちの言葉の端々に出てくるのであった。

カレッジではしょっちゅう晩餐会が開かれた。私たちは正装して、ガウンをまとって出席するわけであるが、マスターがまず、イギリスの海軍式の発声で、"To the Queen!" といって、エリザベス女王のために杯を挙げる。つづいて、主賓のために杯を挙げるのが常であった。私のいたカレッジの名目的なHeadはエディンバラ公で、よく晩餐会の主賓として招ばれた。しかし、マスターはエディンバラ公のためには決して杯を挙げようとはしなかった。あるとき、私はマスターに何故エディンバラ公のために杯を挙げないのかと聞いた。彼は憮然《ぶぜん》として答えたのである。

「われわれは種馬に杯を挙げる習慣をもたない」

(We are not accustomed to drinking a toast to stud!)

参考文献：『社会的共通資本』岩波新書

第15章

福祉は制度化できるか

現代資本主義の一つの制度的特徴として、福祉の制度化ともいうべき現象がみられる。福祉社会の理念はいうまでもなく、健康、教育、仕事、交通をはじめとしてさまざまな市民の基本的権利をみたし、人間的な生活を営むことができるような、環境条件の形成と基本的サービスの供給について政府が責任をもつということである。しかし、このような市民的権利の充足が、利潤動機にもとづいて行動する経済主体を媒介してなされるときに、その実質的内容が市場的な基準によって大きく歪められ、本来の意味における市民的権利の充足から偏倚《へんい》したものとなり、しかも投下される稀少資源の社会的浪費は不可欠なものとなり、その大きさも年々加速度的に上昇するという傾向がみられる。

たとえば教育を例にとってみよう。すべての子どもたちが、小・中学校教育を受ける権利をもつということは、福祉社会においてもっとも重要な条件の一つとなっている。これは小・中学校教育を受けるということが、社会的人間として成育するために不可欠な要件とみなされていて、もし仮に、経済的貧困あるいは社会的制約によってこのような基礎教育を受けることができなかったときには、当事者は不可避的な大きな被害をこうむり、社会的に不公正が起こるということにかんして、社会的な合意が形成されているからである。したがって「政府」は、市民がすべて、小・中学校教育を享受することができるように、社会的条件を整備するよう要請されることになる。もちろん、現実の義務教育制度は、歴史的にかなり異なった事情のもとに形成されてきたのであるが、現在の状況のもとで果たしている機能をこのように解釈することは必ずしも不自然でないといってもよいであろう。

ところが、現在の日本の場合のように九〇％もの子どもたちが高校に進学するというようなときに、市民の基本的権利としての基礎教育を小・中学校に限定してよいであろうか。十人に九人が高校に進学し、しかも高校を卒業していない者はさまざまな形で社会的差別を受けるとすれば、高校教育はもはや選択的な任意需要ではなく、市民の基本的欲求を構成するものと考えられているといってよいであろう。さらに、大学進学者も四〇％という高率に近づきつつあるが、大学教育すらすでに任意的な需要ではなく、基礎的なものになりつつある。仮に、経済的あるいは社会的な制約のため、大学教育を受けられないとすれば、社会的に大きな差別を受け、当人の受ける心理的、実際的被害は無視できないものになっているからである。

このように、大学教育までが基礎的需要の対象となっているとすれば、個別的にも、社会的にもきわめて大きな稀少資源を学校教育およびそれに関連したサービスの供給に向けなければならなくなる。しかもこれらのサービスのかなりの部分が市場的なメカニズムを介して供給されるというのが現状である。

このような状況のもとで、人々は子弟が学校教育サービスを受けるために、所得の許すかぎりの努力をすることになるであろう。そのようなサービスの価格が高くなっても、需要はほとんど減少しないし、また所得の上昇にともなって、教育サービスに対する支出はかなり高い率で上昇する。いいかえれば、教育サービスに対する需要の価格弾力性は低く、所得弾力性は高い。しかもその供給を短期的にふやすことは必ずしも容易でないから、教育サービスの価格の上昇率は一般的な物価水準の上昇率よりはるかに高く、教育関係の支出額も増加することになる。このようにして、教育サービスが市民の基礎的需要を形成し、しかも市場的な基準にしたがって供給、需要されるときには、教育関連産業の規模は大きくなり、人々の支出のうち教育支出の占める比率もまた年々上昇する。このような現象は日本だけでなく、世界の資本主義諸国に共通してみられることである。

ところが、学校教育がこのように制度化されてくるとき、その内容は、人間的能力の自由な展開という教育本来の目的から乖離して、一方では利潤性を追求してその供給形態が規定され、他方ではたんなる社会的要件として子弟に学校教育を受けさせるということが一般的となってくる。個々人のもっている能力の創造的な発展をはかるというよりは、社会的に管理された均一的な教育がおこなわれ、実体的な内容とはあまり関係ない成績評価や点数主義によって数量化がおこなわれる。

イワン・イリッチ『脱学校の社会』

現代の産業社会におけるこのような教育の果たす機能について、示唆に富んだ分析を展開し、学校のない社会（Deschooling Society）を提唱したのが、イワン・イリッチの『脱学校の社会』（東京創元社）である。イリッチは主として、ラテンアメリカ諸国の体験にもとづいて、学校教育に対する公的な支出の増大が必然的に社会的な差別を形成し、分極化を促進し、学校のもつ破壊性が強化されると主張する。教育機会の平等と就学義務とが混同され、「全国民をそれぞれが等級づけられた免状と結びつく等級づけられたカリキュラムの中に義務としてひき入れ」る。学校教育は、産業社会の秩序を維持するための手段となり、真の人間的能力の発展を阻害するものとなり、学校制度を通じてつくられた社会的差別は、この上もない不幸と分極化をつくり出してゆくのである。

イリッチは、学校教育を本来の目的に沿ったものとするためには、まず、就職、選挙などにさいして、どのような教育を受けてきたかということによって差別することを禁止する法律が必要であると考える。「政治団体への加入、教会への出席、血統、性的習慣あるいは人種的背景についての調査が禁止されているのと同じように、個人の学歴調査を禁止しなければならない」。

かれはまた、学校教育について人々が抱いている一つの重要な幻想があると指摘する。すなわち、知識の大部分が学校教育の成果であるとする考え方に対して、われわれの知識のほとんどが、学校の外での生活体験を通じて身につけたものであるとする。

イリッチは、制度化された教育ではなく、「自由教育」すなわち習得した技能の開放的かつ探求的使用を奨励するような環境の整備を求めようとする。このような視点に立つとき、わが国の国立大学の共通一次試験はまさに学校教育制度の弊害をますます強めて、教育の空洞化と社会的、文化的条件の均一化とを進めるものであるといえる。もともと多様性を要求される大学で、どのような理念にもとづくにせよ、個々人のもつ人間的能力の多様化に調和しない、いわゆる客観テストによって全国数十万人の大学受験者を一列に並べて比較しようとすることには問題がある。

「価値の制度化をおし進めていけば必ず、物質的な環境汚染、社会の分極化、および人々の心理的不能化をもたらす……そして非物質的な要求が物質的なものへの需要に変質させられるならば、……この破壊の過程がいかに促進されるか」という立場にたって、イリッチはさらに、一九七四年に出版された『エネルギーと公正』(*Energy and Equity*)で、交通の問題を取り上げる。

人や物の移動が歩行や自転車を中心としたものから、自動車中心に移ってゆくにつれて、一方では、生活面における主体性の喪失、交通手段への隷属という現象がおきると同時に、他方では、エネルギー多消費とそれにともなう移動費用の増大がおきる。とくに、自動車通行の場合、この費用はたんに自動車の購入費やガソリン代などという私的な費用だけでなく、広大な土地を犠牲にしての自動車用道路の建設、大量の交通事故、大気汚染などの自然環境の破壊という社会的費用が著しく大きくなってゆく。これらの費用は、私的にも社会的にも、希少資源の浪費を誘発し、実質的所得分配の不公正を高めるという結果を生みだす。しかし、自動車道路の建設が、移動の自由、快適さを求める社会的要請に応えるという名目のもとで、実質的には、土木・建設産業の利益をはかり、またそれらの産業の肥大化を促進してきた。この傾向はたとえば、道路建設予算などにも顕著にみられるところである。

社会的不安定性を加速

イリッチはまた、一九七六年に、『医の天罰――健康の収用』(*Medical Nemesis: The Expropriation of Health*)をあらわして、教育、交通と同じような現象が医療の分野でもおきていることを示そうとする。健康に対する基礎的な要求が、物質的なものへの需要に変質させられ、医療制度を通じて得られるサービスによって充足されると考えるようになったとき、人間が本来もっている健康維持の自律的機能すら失われてしまって、病院その他の医療サービス供給の手段のためにどれだけ希少資源を配分したかによって、健康がどれだけ増進されたかということに対する尺度と考えるようになってしまう。

医療を供給する制度そのものが健康に対する重大な脅威となり、医療の専門家が医療行為をおこなうことによって、惹き起こされる医原病はまさに流行病のような次元にまで拡大しつつある。イリッチは、結核、小児麻痺などの病気の減少は必ずしも医療の進歩にもとづくものではなく、社会的、経済的な条件の変化に負うところが大きいと主張する。高価な設備、周到な準備、長期間の訓練を必要とする現代の医学は、病気の治療に対しては副次的な効果しかもたず、医療行為にもとづく被害は、個人についても、社会全体としても無視できない。医原病は、たんなる医療過誤だけでなく、不必要な投薬、手術、検査、さらには医療過誤裁判に対してする防衛的な臨床的処置によってもおこり得る。さらに、医療が産業社会のなかに組み込まれることによって、社会的、環境的な医原病が惹き起こされる。また、人々が健康を維持してゆく内在的、自律的な能力を失ってゆくという、より根源的な文化的医原病と呼ばれるべきものがある。イリッチの指摘するこのような現代医学に内在する現象は、いわゆる福祉社会でさらにいっそう深刻な問題を提供し、医療支出の果てしない増大と、臨床的、社会的、文化的な医原病の蔓延とを惹き起こしてゆく。このことは日本の場合にきわめて典型的な形でみられるところである。

イリッチは、人々の基本的欲求が社会的な制度のなかに組み込まれていったとき、必然的に環境汚染、社会の分極化、心理的不能化をもたらすという現象を、教育、交通、医療についてみたのであるが、このイリッチ的な現象はたんにこの三つの分野だけでなく、われわれの生活のあらゆる面にわたってみられ、社会的不安定性を加速度的に高めている。しかし、産業社会において生産性、効率性に代わって、どのような社会的基準が考えられるであろうか。イリッチは、「共同のくつろぎ」（convivialité）という概念を提示する。個人の価値観の多様性と市民の基本的権利の社会性との相克を、共同体の形成論理を通じて解決しようというイリッチの試みは示唆に富むものであるが、現実の産業社会のなかにどのように組み込んでゆけるのかという点についての可能性は存在するであろうか。こと日本にかんするかぎり、現在のディレンマから逃れる緒を見いだすことは不可能に近いようである。

初出：『朝日ジャーナル』一九七八年六月七日号、朝日新聞社

第5部

地球環境問題への視座

第16章

社会的共通資本としての環境

ゆたかな社会を求めて

ゆたかな社会とは、すべての人々が、その先天的、後天的資質と能力とを充分に生かし、それぞれのもっている夢とアスピレーションが最大限に実現できるような仕事にたずさわり、その私的、社会的貢献に相応しい所得を得て、幸福で、安定的な家庭を営み、できるだけ多様な社会的接触をもち、文化的水準の高い一生をおくることができるような社会である。このような社会は、つぎの基本的諸条件をみたしていなければならない。

(1) 美しい、ゆたかな自然環境が安定的、持続的に維持されている。

(2) 快適で、清潔な生活を営むことができるような住居と生活的、文化的環境が用意されている。

(3) すべての子どもたちが、それぞれのもっている多様な資質と能力をできるだけ伸ばし、発展させ、調和のとれた社会的人間として成長しうる学校教育制度が用意されている。

(4) 疾病、傷害にさいして、そのときどきにおける最高水準の医療サービスを受けることができる。

(5) さまざまな稀少資源が、以上の目的を達成するためにもっとも効率的、かつ公平に配分されるような経済的、社会的制度が整備されている。

ゆたかな社会は、繰り返しながら、一言で言ってしまえば、各人が、その多様な夢と願望に相応しい職業につき、それぞれの私的、社会的貢献に相応しい所得を得て、幸福で、安定的な家庭を営み、安らかで、文化的水準の高い一生をおくることができるような社会を意味する。それはまた、すべての人々の人間的尊厳と魂の自立が守られ、市民の基本的権利が最大限に確保できるという、本来的な意味でのリベラリズムの理想が実現される社会である。

このような意味でゆたかな社会を実現するための経済制度は、どのような特質をもっているか。また、どのようにすれば具現化できるであろうか。経済学は、この課題に対する回答を考察する社会科学の一分野であるといってよい。

スミス、ミル、ヴェブレン

経済学が今日のように一つの学問分野として、その存在が確立されるようになったのは、一七七六年に刊行されたアダム・スミスの『国富論』（*An Inquiry into the Nature and Causes of the Wealth of Nations*）に始まる。この題名のなかで、Nationという語は、一つの国の国土と、そのなかに住んで、生活している人々の総体を指すものである。つまり、国土と国民とを総体としてとらえたものであって、統治機構を意味するState（国家）とは異なる、ときとしては対立的な概念を指すものであることは留意する必要があろう。その思想的原点は、その二十年近く前に書かれた『道徳感情論』にある。

スミスの『道徳感情論』は、ハチスン、ヒュームの思想を敷衍《ふえん》して、共感（sympathy）という概念を導入し、人間性の社会的本質を明らかにしようとしたのであった。人間性のもっとも基本的な表現は、人々が生き、喜び、悲しむというすぐれて人間的な感情であって、この人間的な感情を素直に、自由に表現することができるような社会が新しい市民社会の基本原理でなければならないと考えた。しかし、このような人間的感情は個々の個人に特有なもの、あるいはその人だけにしかわからないという性格のものではなく、他の人々にとっても共通のものであって、お互いに分かち合うことができるようなものである。このような共感の可能性をもっているということが人間的感情の特質であって、人間存在の社会性を表現するものでもある。

この、人間的な感情を素直に、自由に表現することができるような社会が、新しい市民社会の基本原理でなければならない。しかし、このような市民社会を形成し、維持するためには、経済的な面である程度ゆたかになっていなければならない。健康で文化的な生活を営むことが可能になるような物質的生産の基盤がつくられていなければならないとスミスは考えて、それから二十年の歳月を費やして、『国富論』を書き上げたのである。

スミスの『国富論』に始まる古典派経済学の本質を極めて明快に解き明かしたのが、一八四八年に刊行されたジョン・スチュアート・ミルの『経済学原理』（*Principles of Political Economy*）である。その結論的な章の一つに定常状態（Stationary State）という章がある。

ミルのいう定常状態とは、マクロ的に見たとき、すべての変数は一定で、時間を通じて不変に保たれるが、ひとたび社会のなかに入ってみたとき、そこには、華やかな人間的活動が展開され、スミスの『道徳感情論』に描かれているような人間的な営みが繰り広げられている。新しい製品がつぎからつぎに創り出され、文化的活動が活発におこなわれながら、すべての市民の人間的尊厳が保たれ、その魂の自立が保たれ、市民的権利が最大限に保障されているような社会が持続的（sustainable）に維持されている。このようなユートピア的な定常状態を古典派経済学は分析の対象としたのだとミルは考えたのである。

国民所得、消費、投資、物価水準などというマクロ的諸変数が一定に保たれながら、ミクロ的にみたとき、華やかな人間的活動が展開されているというミルの定常状態は果たして、現実に実現可能であろうか。この設問に答えたのが、ソースティン・ヴェブレンの制度主義の経済学である。それは、さまざまな社会的共通資本（social common capital）を社会的な観点から最適な形に建設し、そのサービスの供給を社会的な基準にしたがっておこなうことによって、ミルの定常状態が実現可能になるというように理解することができる。現代的な用語法を用いれば、持続的発展（sustainable development）の状態を意味したのである。

二十世紀は資本主義と社会主義の世紀であるといわれている。資本主義と社会主義という二つの経済体制の対立、相克が、世界の平和をおびやかし、数多くの悲惨な結果を生み出してきた。この二十世紀の世紀末は、十九世紀の世紀末と比較されるような混乱と混迷のさなかにある。この混乱と混迷を超えて、新しい二十一世紀への展望を開こうとするとき、もっとも中心的な役割をはたすのが、制度主義の考え方である。

制度主義は、資本主義と社会主義を超えて、すべての人々の人間的尊厳が守られ、魂の自立が保たれ、市民的権利が最大限に享受できるような経済体制を実現しようとするものである。制度主義の考え方はもともと、ソースティン・ヴェブレンが、十九世紀の終わりに唱えたものであるが、百年以上も経った現在にそのまま適用されうる。社会的共通資本は、この制度主義の考え方を具体的なかたちで表現したもので、二十一世紀を象徴するものであるといってもよい。

社会的共通資本の考え方

社会的共通資本は、一つの国ないし特定の地域に住むすべての人々が、ゆたかな経済生活を営み、すぐれた文化を展開し、人間的に魅力ある社会を持続的、安定的に維持することを可能にするような自然環境と社会的装置を意味する。社会的共通資本は、一人ひとりの人間的尊厳を守り、魂の自立を支え、市民の基本的権利を最大限に維持するために、不可欠な役割をはたすものである。社会的共通資本はたとえ、私有ないしは私的管理が認められているような稀少資源から構成されていたとしても、社会全体にとって共通の財産として、社会的な基準にしたがって管理・運営される。社会的共通資本はこのような意味で純粋な意味における私的な資本ないしは稀少資源と対置されるが、その具体的な構成は先験的あるいは論理的基準にしたがって決められるものではなく、あくまでも、それぞれの国ないし地域の自然的、歴史的、文化的、社会的、経済的、技術的諸要因に依存して、政治的なプロセスを経て決められるものである。

社会的共通資本はいいかえれば、分権的市場経済制度が円滑に機能し、実質的所得分配が安定的となるような制度的諸条件であるといってもよい。ヴェブレンの制度主義の思想的根拠は、これもまたアメリカの生んだ偉大な哲学者ジョン・デューイのリベラリズムの思想にある。したがって、社会的共通資本は決して国家の統治機構の一部として官僚的に管理されたり、また利潤追求の対象として市場的な条件によって左右されてはならない。社会的共通資本の各部門は、職業的専門家によって、専門的知見にもとづき、職業的規範にしたがって管理・維持されなければならない。

社会的共通資本は自然環境、社会的インフラストラクチャー、制度資本の三つの大きな範疇《はんちゅう》にわけて考えることができる。自然環境は、大気、水、森林、河川、湖沼、海洋、沿岸湿地帯、土壌などである。社会的インフラストラクチャーは、道路、交通機関、上下水道、電力・ガスなど、ふつう社会資本とよばれているものである。なお、社会資本というとき、その土木工学的側面が強調されすぎるので、ここではあえて、社会的インフラストラクチャーということにしたい。制度資本は、教育、医療、金融、司法、行政などの制度をひろい意味での資本と考えようとするものである。

もっとも、この分類は必ずしも、網羅的ではなく、また排他的でもない。社会的共通資本は何かということを、分かりやすく説明したものにすぎない。自然環境、社会的インフラストラクチャーについては説明の必要はないであろうが、制度資本の考え方は、必ずしも一般的ではないと思う。制度資本は、社会的共通資本の機能、役割を考えるとき、重要な意味をもつ。そのなかで、とくに大切なのは教育と医療である。

教育は、一人ひとりの子どもたちがそれぞれもっている先天的、後天的能力、資質をできるだけ育て、伸ばし、個性ゆたかな一人の人間として成長することを助けようとするものである。他方、医療は、病気や怪我によって、正常な機能を果たすことができなくなった人々に対して、医学的な知見にもとづいて、診察、治療をおこなうものである。どちらも、一人ひとりの市民が、人間的尊厳を保ち、市民的自由を最大限に享受できるような社会を安定的に維持するために必要、不可欠なものである。人間が人間らしい生活を営むために、重要な役割を果たすもので、決して、市場的基準によって支配されてはならないし、また、官僚的基準によって管理されてはならない。

自然環境とは

自然環境は具体的には、森林、草原、河川、湖沼、海岸、海洋、水、地下水、土壌、さらには大気などを指す。また、森林、草原などに生存するさまざまな動・植物もすべて自然環境の一部である。

自然環境というとき、これらの構成要素のいくつかが相互に密接に関連した、一つの全体としてとらえる。たとえば、一つの森林をとったとき、たんに森林を構成する樹木だけでなく、伏流水として流れる水、さまざまな微生物をもつ土壌、そこに生存する動・植物などを統合して、一つの総体としての森林を自然環境、あるいはたんに環境という概念としてとらえているわけである。

自然環境について、もっとも特徴的な性質は、その再生産のプロセスが、生物的ないしはエコロジカルな要因によって規定されていることである。一つの森林を自然資本としてとらえて、たとえば、樹木の総重量によってそのストックをはかることにしよう。森林のストックが時間的経過にともなってどのように変化するであろうか。森林を構成する個々の樹木がどのようなペースで成長し、あるいは枯れてゆくかによってはかられる。それは、個々の樹木の種類、年齢に依存するとともに、森林のなかに存在する水の流れ、土壌の性質、さまざまな動植物、微生物の活動によっても影響される。

同じような現象は、他の自然環境についてもみられる。よく引用されるのは漁場である。経済学では、ある一つの、明確に境界を付けられた漁場を自然環境としてとらえて、そのストックの量を漁場に存在する魚の数ではかる。この漁場における魚の再生産のプロセスは、魚の餌となるプランクトン、小魚などがどれだけ存在するかに依存するだけでなく、水温、海水の流れ、沿岸のエコロジカルな諸条件、場合によっては上流の森林の状態によっても左右される。

このようにして、自然資本のストックの時間的経過にともなう変化は、生物学的、エコロジカル、気象的な諸条件によって影響され、きわめて複雑な様相を呈する。自然環境を自然資本としてとらえるとき、規模の経済あるいは外部（不）経済の概念もまた、経済理論における伝統的な概念とは本質的に異なる。

規模の経済について考察するために、まず、森林を例にとってみる。森林のストックをかりに、その面積ではかるとして、森林の面積が二倍になったときに、さまざまな経済活動の過程における森林の果たす役割は何倍になるであろうか。たとえば、森林という自然資本から、木材という産出物が生産されるとする。まったく同じ面積をもつ同じ樹相をもった二つの森林を一緒にしたとする。年々生産される木材の量は二倍になるであろうか。ここでも、工場生産を中心とする経済理論の常識をそのまま適応することはできない。しかし、森林を自然資本としてとらえたとき、この点にかんする分析は、統計的にも、実証的にも充分に満足できるようなかたちではなされていない。

一般に、自然環境を自然資本としてとらえたとき、ある水準までは外部経済が働くが、その水準を超えたときは、外部不経済の現象がみられると考えてよいであろう。また、環境の果たす経済的役割を考察するとき、自然環境を構成するさまざまな要素の間に存在する、錯綜した相互関係を無視することはできない。森林の経済的機能を考えるとき、水の流れ、さまざまな樹木の間の相互関係、土壌の性質、森林に生存するさまざまな生物、微生物の間には複雑な関係が存在し、森林の果たす経済的機能に対して大きな影響を与える。そこには、工場生産のプロセスにみられるような決定論的、機械論的な関係を想定することはできない。とくに、気象条件の及ぼす影響を考慮に入れるとき、自然環境の果たす経済的役割は本質的に統計的、確率論的な意味をもつことを指摘しておきたい。

自然環境と人間活動

自然環境を経済学的に考察しようとするときに、まず留意しなければならないのは、自然環境に対して、人間が歴史的にどのようなかたちで関わりをもってきたかについてである。この問題は、広く、文化をどのようにとらえるかに関わるものであって、狭義の意味における経済学の枠組みのなかに埋没されてしまってはならない。

「文化」というとき、伝統的社会における文化の意味と、近代的社会において用いられる意味との間に本質的な差違が存在することをまず明確にしておきたい。

この問題について重要な視点を与えたのが、アン・ハイデンライヒとデヴィッド・ホールマン（Ann Heidenreich and David Hallman）の論文「売りに出されたコモンズ――聖なる存在から市場的財へ」（"From Sacred Being to Market Commodity: The Selling of the Commons?"）である。

ハイデンライヒ＝ホールマンは、文化について、二つの異なった考え方が存在することを指摘する。伝統的社会では、「文化」はつぎのような意味をもつ。「社会的に伝えられる行動様式、技術、信念、制度、さらに一つの社会ないしはコミュニティを特徴づけるような人間の働きと思想によって生み出されたものをすべて含めて、一つの総体としてとらえたもの」を意味する。他方、近代社会においては、「文化」は「知的ならびに芸術的な活動」に限定して考えるのが一般的である。

マサイ族の若者が「文化」というときには、同年代の若者たちのことを想起し、伝統的な制度のもとで、社会がどのように組織され、自然資源がどのように利用されているかに思いをいたす。しかし、北ヨーロッパの人々が「文化」というときには必ず、芸術、文学、音楽、劇場を意味している。

環境の問題を考えるとき、宗教が中心的な役割を果たす。宗教は、自然を創り出し、自然を支配する超人間的な力の存在を信じ、聖なるものをうやまうことだからである。

自然と人間との間の相関関係が具体的なかたちで表現されるのは、自然資源の利用という面においてである。伝統的社会では、人やものの移動がきわめて限定されているため、生活を営む場所で利用可能な自然資源に頼らざるを得ない。したがって、これらの自然資源の涸渇《こかつ》はただちに、伝統的社会の存続自体を危うくする危険を内在している。伝統的社会の文化は、地域の自然環境のエコロジカルな諸条件にかんして、くわしく深い知識をもち、エコ・システムが持続的に維持できるように、その自然資源の利用にかんする社会的規範をつくり出してきた。

自然資源の利用にかんして、長い、歴史的な経験を通じて知識が形成され、世代からつぎの世代に継承されていった。自然環境にかんする知識と、その世代間を通ずる伝達によって、文化が形成されると同時に、文化によって新しい知識が創造されてゆく。何世代も通じて知識が伝達されてゆくプロセスで、社会的制度がつくり出される。そして、日常的ないし慣行的な生き方が、社会的制度として確立し、一つの文化を形成することになる。

自然と人間との間の相関関係がどのような形で制度化されるかによって、人間と人間との間の社会的関係もまた規定されることになる。どのような自然資源を、どのようなルールにしたがって利用すべきかが文化の中心的な要素となる。したがって、年長者の教示ないしは指示に重点が置かれ、自然資源の利用は、社会のすべての構成員に対して公正に、また利用可能となるような配慮が、どの伝統的社会についても充分払われている。

伝統的社会では、自然環境にかんする知識は、スピリチュアリティとの関連において形成されている。たとえば、シャーマニズムは、三千万人を超えるアメリカ・インディアンが信じていた宗教であったが、それは、自然資源を管理し、規制するためのメカニズムであって、その持続的利用を実現するための文化的伝統であった。

伝統的社会では、自然資源を持続的なかたちで利用するのは、また将来の世代だけでなく、他の伝統的社会を考慮に入れて、自然資源の保全をはかってきた。

人間の移動が自由になるとともに、文化、宗教、環境の乖離は拡大化されていった。とくに、ヨーロッパ諸国によって、アフリカが植民地化されるプロセスを通じて、資源の搾取がより広範な地域でおこなわれるようになり、伝統的社会のもつ、それぞれの限定された地域に特定化された知識は無視され、否定されていった。アフリカ以外の大陸でも事情は同じであった。伝統的な自然環境と密接な関わりをもつ知識は、経済発展の名のもとに否定され、抑圧されていった。

ハイデンライヒ＝ホールマン論文で、近代キリスト教の教義が、自然の神聖を汚し、伝統的社会における自然と人間との乖離をますます大きなものにしていった経緯がくわしく論ぜられていることは興味深い。

キリスト教の教義が、自然に対する人間の優位にかんする論理的根拠を提供し、人間の意志による自然環境の破壊、搾取に対してサンクションを与えた。と同時に、自然の摂理を研究して巧みに利用するための科学の発展もまた、キリスト教の教義によって容認され、推進されていった。

ルネッサンスは人間の復興であったが、それは自然の凋落《ちょうらく》を意味していた。近代思想の発展はさらに、人間の優位を確立し自然の従属性に拍車をかけた。フランシス・ベーコンにとっては、すべての創造物は人間との関係においてのみ意味をもち、自然は天からの賜《たま》物《もの》であって、物理学と化学を中心とした科学の発展を通じて、そのゆたかな収穫を搾取されるものにすぎない。ルネ・デカルトはさらに極端なかたちで論議を進めていった。デカルトの機械論的、決定論的世界観にもとづけば、自然は、数学的な法則にしたがって機械的に動く存在であり、自らの意志をもたず、受動的な存在にすぎない。自然の価値は、人間にどれだけの効用をもたらすかによってはじめてはかることができるとされていた。自然を抑圧し、搾取することに対してなんら制約条件はもうけられるべきではない。

二つの国際会議の意味

環境と経済の関係について、この三十年ほどの間に本質的な変化が起こりつつあることを指摘する必要がある。この変化は、国連の主催のもとに開かれた環境問題にかんする二つの国際会議のテーマに象徴的にあらわれている。一九七二年、ストックホルムで開かれた第一回の環境会議と一九九二年、リオ・デ・ジャネイロでの第三回の環境会議である。

一九六〇年代を通じて顕著にみられるようになった自然破壊とそれによって引き起こされた公害問題は、歯止めのないかたちで進行していった工業化と都市化の必然的な帰結ともいえる性格をもっていた。当時、スウェーデンでは、一万を越える湖沼の大半が死んでしまったといわれていた。水質の悪化によって、魚やその他の生物が住むことができなくなり、周辺の森林でも多くの樹木が枯れはじめた。その直接的な原因は酸性雨によるものであった。それは大部分、イギリスや、東ドイツ、ポーランドなどの東欧の社会主義の国々における工業活動によって惹き起こされることが綿密な調査によって明らかにされていった。一九七二年、ストックホルムで開かれた第一回の国連環境会議は、公害問題の国際性に注目したスウェーデン政府の提案にもとづいて開催されたのである。

ストックホルム環境会議の主題は公害問題であった。それは、日本における水俣病問題や四日市大気汚染公害に象徴されるように、産業活動の結果、自然環境のなかに排出される化学物質によって惹き起こされたものである。これらの産業廃棄物は、二酸化窒素、硫黄酸化物、有機水銀など、それ自体いずれも有害な物質であって、直接人々の健康を侵し、生物に被害を与える。

一九六〇年代から七〇年代にかけて世界的な拡がりをみた公害問題は、それによってもたらされる人間的犠牲の深刻さ、環境破壊の大きさの点から、これまでの人類の歴史において、平和時にはまったく経験しなかった規模をもつものであった。

ストックホルム会議に象徴される公害問題に対する社会的関心は、産業活動のあり方に対して大きな反省を迫り、公害規制のためにさまざまな政策が実行され、数多くの制度的対応がとられることになった。その後、三十年ほどの期間に、産業活動にともなう公害に対して、かなりの効果的な規制がとられ、少なくとも資本主義の多くの国々については、工業化、都市化にともなう公害問題は基本的に解決の方向に進みつつあるといってよい。しかし、水俣病問題の例が示すように、一九六〇年代の公害によって惹き起こされた深刻な被害に対する本質的な救済はまだとられていない。また、発展途上諸国の多くについて、公害問題はいぜんとして未解決であるだけでなく、なかにはいっそう拡大化し、深刻化しつつある国も少なくないことを指摘しておかなければならない。

一九九二年のリオ環境会議の主題は、地球規模における環境の汚染、破壊についてであった。地球温暖化、生物種の多様性の喪失、海洋の汚染、砂漠化などの問題である。なかでも、深刻なのは、地球温暖化の問題である。地球温暖化は、主として、化学燃料の燃焼によって排出される二酸化炭素が大気中に蓄積され、いわゆる温暖化効果が働き、地表大気平均気温の上昇を惹き起こすことによって、地球規模における気象条件の急激な変化をもたらすことに関わる諸問題を指す。温室効果は、二酸化炭素の他に、メタン、亜酸化硫酸、フロンガスなどのいわゆる温室効果ガスによっても惹き起こされる。これらはいずれも大気中にごく微量しか含まれていないが、地表大気平均気温の上昇に対してつよい効果をもつ。

二酸化炭素をはじめとして温暖化効果ガスの大部分は化学物質としては無害であり、直接人体に影響を与えたり、動・植物に危害を与えるものではない。しかし、地球規模における蓄積が進むとき、地表大気平均気温の急激な上昇という温暖化現象を惹き起こす。

森林の伐採もまた、地球温暖化を促進する。とくに熱帯雨林の急激な消滅は、植物の光合成作用による大気中の二酸化炭素の吸収効果の減少をもたらす。熱帯雨林の消滅はまた、生物種の多様性の喪失に対して決定的な影響を及ぼす。地球上には、千万種に上る生物種が存在すると推定されているが、そのうち三〇％以上が熱帯雨林のなかにあるといわれている。しかも、その大部分はまだ同定されておらず、もし現在の時点で消滅してしまうと、永久に回復不可能となってしまう。

熱帯雨林とその周辺に存在する多様な生物種が、人類の歴史において果たしてきた役割は大きいものがある。また、将来にわたって重要な意味をもちつづけることは確実といっていいと思う。米、小麦をはじめとして、農作物の大部分は、その原種が、森林、草原から求められたものである。農作物のなかで、病虫害によって全滅してしまったものが数多く存在するが、その多くは、森林のなかから、新しい生産種を見いだすことによって代替されてきた。また、現在用いられている医療品の五〇％近くが、熱帯雨林ないしはその土壌に生存する微生物、生物を原材料としてつくり出されたものであるといわれている。

参考文献：『社会的共通資本』岩波新書

第17章

経済学はグローバル・チェンジを考察できるのか

地球温暖化は極めて輻輳《ふくそう》した現象であって、その原因を科学的に解明し、その影響を説得的に分析することは決して容易ではない。スティーブン・シュナイダーの『地球温暖化で何が起こるか』は、この複雑な地球温暖化の現象を簡潔に説明し、しかももっとも最新の科学的知見についてわかりやすい形で解説するとともに、その生態学的および社会的な影響を科学者としての知性と良心をもって論じた名著である。

シュナイダー博士はアメリカのスタンフォード大学の生物学教授で、気候物理学を専門とする科学者である。地球温暖化にかんする数多くの専門的論文を発表するとともに、『地球温暖化の時代』などの著書を始めとして地球温暖化にかんして積極的な啓蒙活動にたずさわってきた。

前例のないグローバル・チェンジ

本書はまず、地球と生命がどれだけの年月を経て、現在の形にまで進化してきたかを考える。地球の歴史は長く、複雑である。原始地球が形成されたのはおよそ四十五億年前のことであるが、その長い歴史を通じてもっとも興味深いのは、いまから三十五億年ほど前、生命が誕生した始生代の「原始の暗い太陽のパラドックス」である。このためにイギリスの科学者ジェームズ・ラヴロックによって提唱された「ガイア仮説」が現在もっとも有力な仮説である。太陽の輝きがつよまるにつれて、始生代の大気中に高い濃度で含まれていた二酸化炭素が生物学的なプロセスを通じて、次第に除去されていったというのである。地球上の生命体が自律的なフィードバック作用をもち、地球的規模で環境をコントロールしているという考え方であって、ギリシア神話に出てくる大地の女神ガイアに因んで付けられた名前である。

生命は、大気中の酸素の生成に不可欠な役割を果たす。植物は、光合成作用を通じて、太陽エネルギーを使って、化石燃料と水を炭水化物と酸素に換える。生物の呼吸と腐食は逆に、炭水化物と酸素が化合して、熱を放出し、二酸化炭素と水蒸気を発生する。つまり、呼吸と腐食は炭水化物の分子結合に使われていた化学エネルギーを放出させる。このバイオマス・エネルギーによって、地球上には安定的な気候条件が保たれる。温血動物の体温が維持され、木材が燃料として用いられ、化石燃料が燃料としての役割を果たすことができるわけである。

化石燃料は有機化合物が化石化したもので、そこにはかつて二酸化炭素を植物体に換えるために使われた太古の太陽エネルギーが蓄えられている。石炭、石油、天然ガスを燃やすということは、何億年という気の遠くなるような昔の二酸化炭素と太陽エネルギーの固まりが何百万年の年月をかけて化石化したものをわずか数十年のオーダーで放散させているのである。自然のプロセスが人間の手によって撹乱《かくらん》され、その安定性が大きく損なわれている結果として起こっているのが、現在の地球環境問題である。

地球上の生命は気候によって大きな影響を受ける。と同時に、気候もまた生命活動によって大きく左右される。気候と生命は輻輳した循環過程をもって相互に関連し合いながら、長い年月を経て進化してきた。環境は多様な物質の循環過程からなる一種のネットワークであって、それらの過程はすべて、生命が形成され、進化してゆくために不可欠な役割を果たす。とくに重要な役割を果たすのは、水、窒素、硫黄、そして炭素である。これらの化学物質が中心となっておこなわれる生物地球化学的循環のプロセスは、気候と関わりをもち、生態学的条件を規定する。このなかで、大気中にある水、つまり水蒸気が決定的な役割を果たす。

この複雑に入り組んだ気候の諸条件の間の関係を明らかにして、現在から将来にかけての地球的規模における気候を予測することは可能であろうか。気候モデルのプロトタイプは一九二〇年代にルイス・リチャードソンによって開発された大気のコンピューター・モデルである。初期世代の電子計算機がひろく普及される四十年も前のことであるが、その後、コンピューターの急速な進歩にともなって、さまざまな大型の気候モデルが開発され、地球的規模における気候の解明と予測に大きな貢献をしてきた。その一例として、シュナイダー博士自身が中心となってNCAR（アメリカ大気研究センター）のモデルを使ってなされた白亜紀の異常な低気温にかんする研究が紹介されている。また、一九八〇年代に、イェール大学のロバート・バーナーたちの海洋底の拡大にかんする興味深い研究もくわしく解説されている。これらはいずれも地球的規模における気候の解明に重要な役割を果たすものである。

理性的な考え方

大規模な気候の数学的モデルから得られる重要な結論の一つは、地球が現在経験しつつある気候のグローバル・チェンジは前例のない規模をもつということである。しかも、このグローバル・チェンジは人間の活動によってもたらされつつある。予想されるように二酸化炭素の濃度が二倍になったとき、地球温暖化がどの程度であるのかという設問が極めて重要な意味をもつことになる。それは適用可能なレベルであるのか、あるいは大異変を引き起こすグローバル・チェンジなのか。世界の多くの地球科学者たちの研究の焦点の一つがこの問題に向けられている。シュナイダー博士は多くのページを割いて、これまで得られた科学的知見を解説し、新しい研究の方向に対して重要な示唆を与える。

現在起こりつつあるグローバル・チェンジにかんしてこれまで蓄積されてきた科学的知見は膨大な量に上り、しかも高度な信頼性と厳密性をもつ。しかし、すべての科学的知見がそうであるように、一〇〇%の確実性をもつ予測はあり得ない。地球科学者たちがえがく地球温暖化のシナリオは、基本的な点では一致しているものの、細部にわたる点についてはかなりの差異がみられる。この点を取り上げて、世界の地球科学者たちが長い年月をかけて、またすぐれた叡智とオリジナリティをもって蓄積してきた科学的知見の信憑《しんぴょう》性を、生半可な知識をもって批判、ときには誹謗《ひぼう》する経済学者たちがいる。イェール大学のウィリアム・ノードハウスを中心とした一群の経済学者たちである。これらの経済学者たちの主張はまったくといってよいほど科学的根拠を欠き、論理的整合性をもたない。もっぱら化石燃料の大量消費に依存せざるを得ない歪んだ経済構造と非人間的な社会的性向をもつアメリカの異常な政治的条件を反映したものである。現在の経済学の理論的枠組みのなかで、地球温暖化に象徴されるグローバル・チェンジを分析し、その経済的、社会的影響を科学的に考察することはもともと不可能だからである。じじつ、グローバル・チェンジを考察することのできる経済学の理論的枠組みをどのようにして構築するか、という課題は心ある経済学者にとって現在もっとも優先度の高い研究テーマである。

シュナイダー博士は、この書物のなかでかなりのページを割いて、ノードハウスたちとの間に展開された「論争」について触れている。この不毛な「論争」はもっぱら、ノードハウスたちによって、政治的な意図をもって仕掛けられたものであるが、シュナイダー博士は丁重に、我慢づよく、この「論争」に答えている。私自身、経済学を専門とする身であるが、シュナイダー博士の謙譲な、理性的で、しかも人間的魅力にあふれた科学者らしい対応と、ノードハウスたちの奢《おご》りきった、非理知的な応対とがあまりにも対照的であることに経済学を専門とするものとして恥ずかしい思いをもたざるを得ない。

グローバル・チェンジにかんするノードハウスたちの政治的な意図にもとづく非理知的な主張と、シュナイダー博士に代表される理性的な考え方との緊張、対立の関係は、地球環境問題にかかわる政府間の国際的な交渉の過程に色濃くあらわれている。

初出：『科学』一九九九年二月号、岩波書店

第18章

空海が学んだスリランカの溜池灌漑

日本の農業は、その生産性の高さにおいて、世界でもっともすぐれたものの一つであった。このことは少なくとも、一九五〇年代から六〇年代にかけて妥当していた。日本の農業を支えてきたのは、長い年月をかけて全国的につくられてきた灌漑《かんがい》システムと、そのすぐれたコモンズの原則にしたがった管理方法であった。

この日本の灌漑システムの形成に重要な役割を果たしたのが空海であった。空海は留学僧として中国にいたときに、当時世界でもっともすぐれた灌漑システムをもっていたスリランカの技術と制度とを学んだ。

スリランカでは、紀元前四世紀頃、最初の王国が築かれたが、それは高度に発達した文明をもっていた。古代王国のあと、シンハラ王国が栄えたが、紀元二世紀から三世紀にかけて、土木と建築とについて世界で比類のない水準を保っていた。四世紀の終わり頃から五世紀の初めにかけて、ある一人の中国の仏教僧がスリランカに仏教を学ぶとともに水利技術を学び、同時にすぐれた管理制度を身につけて帰ってきた。仏教僧の名は法顕《ほっけん》といい、インド、スリランカに十五年間滞在したが、帰路遭難してインドネシアに漂着した。それから何年も経ってから中国に帰ることができた。空海が学んだスリランカの水利技術は、法顕が持ち帰ったものだったのである（*A Record of Buddhistic Kingdoms: Travels (AD 399-414) of Fa-Hein in India and Ceylon in Search of the Buddhist Book of Discipline*, Munshiram Manoharlal, 1991）。

空海は八二一年、朝廷に願い出て、別当の職をもらい、讃岐に帰り、總監督として、満濃池の大修復に成功した。日本の土木の歴史に特筆すべき事業とされている。空海はその後、四国をはじめとして全国を廻って、このスリランカの灌漑技術、とくに溜池灌漑にかんする工学的知識、その社会的管理にかんする制度を広めた。これは現代的用語法を用いれば、農業に関わる社会的共通資本の建設、その管理について持続可能な生産をおこなうためのコモンズの考え方にもとづいたものでもあった。

一九九四年十二月十五日から一週間ほど、スリランカのコロンボを訪れる機会をもった。スリランカの学術会議の創立五十周年の式典に招ばれて基調講演をおこなうためであった。スリランカの学術会議が創立されたのは、イギリスからの独立に先立つこと四年、一九四四年であった。以来スリランカの科学、技術の発展の先駆的な役割を果たしてきた。創立五十周年の式典は、スリランカ大統領のチャンドリカ・バンダラナイケ・クマラトゥンガ女史を迎えて盛大におこなわれた。式典のあと持続可能な発展と科学技術をテーマとするセミナーが開かれ、インドのジャワハルラル・ネール・センターのC・N・R・ラオ博士と私が基調講演をおこなった。

独立してから四十六年経っているが、イギリス植民地時代の傷痕は深く、スリランカ経済、社会は依然として大きな困難を抱えている。

セミナーに出された論文の一つに、ペチャゴーダ博士（U. Pethiyagoda）による「スリランカにおける農業と森林にかんする諸問題」というすばらしい論文があった。ペチャゴーダ博士は冒頭で、「二千年以上にわたってすぐれた農業を営みつづけてきたスリランカで、何故いま食糧に苦しみ、貧困に悩まなければならないのか。まったく理解できない」と述べている。

スリランカの歴史は二千五百年以上にさかのぼる。紀元前四世紀、インドの東南部からの移民がヴィジャヤ王子に率いられてスリランカにやってきた。かれらはすぐれた水利文明の技術をもち、高度に発達した社会をもっていた。

かれらはスリランカの北東部を流れるマルワッツ川のほとりに王国を築いた。王国の首都アヌラーダプラ（Anuradhapura）は、古代都市のなかでもっとも美しいものの一つといわれ、千五百年にわたって栄えた。アヌラーダプラは商業の中心地となり、やがて仏教がこの地に伝来し、スリランカ全国に広まっていった。

古代王国がいつ、どのようにして崩壊したのか、いまでも謎につつまれたままである。やがてシンハラ民族が渡来し、シンハラ王国を築いていった。

シンハラ王国も古代王国と同じように、高度に発達した水利文明をもっていた。とくに灌漑施設は極めて高度な技術をもってつくられていた。いくつもの巨大な貯水池、さまざまな規模をもった無数の溜池がたくみに設計され、北東モンスーン風によってもたらされた大量の雨水を効率的に保全して、網の目のように張りめぐらされた灌漑水路を通じて水田に供給されていた。

スリランカの水利システムは、水田や他の作物のための灌漑用水を供給していただけでなく、地下水を保全し、森林をゆたかに維持し、人々の家の庭をも緑ゆたかなものにするために大きな役割を果たしていた。人間の生活空間とエコロジカルな環境とがみごとに調和して、農地と森林とが何世紀にもわたって大きな人口を養い、すべての生物が持続的な形で共存することを可能にしていった。その基礎を支えていたのがスリランカの水利施設だったのである。

しかしスリランカはまた絶えず、南インドの諸王国からの侵略に悩まされつづけた。やがてスリランカのもっていた人間と自然とのすぐれた調和、共生は破壊されはじめていった。その最初の徴候が王宮と仏寺の破壊であったが、やがて、ダム、溜池などの水利施設にも破壊が及んでいった。

灌漑・水利施設が破壊され、人間と自然の調和と共生が失われてゆくとともに、マラリヤの脅威が低地、高地を限らず、スリランカ全島を襲いはじめた。マラリヤから逃れて、人々は乾燥地から湿地に大移動をしていった。湿地では森林がゆたかに茂り、厚い樹冠が雨水の流れをうまく保全して、地下水を絶えず補給して、河川の豊富な水の流れを維持していた。農村の生活に、森林の役割は不可欠である。燃料の材料、家を建てるための材木を供給するだけでなく、薬木、薬草もまた森林から得られたし、さまざまな手工芸の材料も森林から取ってきた。

スリランカの歴史で一五〇五年におこったポルトガルの侵略は一つの大きな転回点であった。現在のコロンボを中心として西南のひろい土地を奪い取られてしまった。カンディ王がオランダと同盟を結んでポルトガルを追放することに成功したが、オランダはポルトガルよりもっと悪質だった。しかしスリランカの破壊を決定的にしたのは、十八世紀の終わりに始まったイギリスによる侵略と植民地化であった。カンディ王の最後の闘いも空しく敗れ去り、一八一五年スリランカ全島がイギリスの支配下に置かれることになった。

イギリスによる植民地化は、人類の長い歴史のなかでも、もっとも悲惨、残虐なものであった。スリランカの場合も例外ではなかった。長い歴史を経て形成された文化、社会を徹底的に壊し、多くの人々を殺戮《さつりく》し、美しい自然を破壊しさった。イギリスが何世紀にもわたって、世界の至るところでおこなったこの非人道的な行為は、まさに人類に対する犯罪であり、どのような償いをしても、その罪は許し得ないであろう。

イギリスはスリランカ全島にわたって森林を切り払い、農地を潰《つぶ》して、茶とゴムのプランテーションに変えていった。生物種の多様性を維持し、すべての生物を守っていた、人間と自然の共生は完全に失われてしまった。土壌はつよい太陽にさらされ、南東風のモンスーンのはげしい雨によって流出していった。イギリス人によるプランテーションの経営は、スリランカ人の奴隷的労働と自然の徹底的な破壊とによって巨大な利益をイギリス本国にもたらした。

二十世紀初頭にはスリランカ全島のうち、七〇%が森林によって占められていたが、一九五六年には、わずか四〇%までに減ってしまった。独立してからも森林の破壊はつづき、現在森林は全島の二四%を占めるにすぎなくなってしまった。

イギリスの植民地政策によって、スリランカの農業は極端な形でモノカルチャー化され、国際市場価格の変動によって、スリランカ経済自体が大きく影響されることになった。食糧の自給率は極端に低く、生活水準は高くない。

現在植林がスリランカ政府にとってもっともプライオリティの高い政策課題となっている。年間一万二千ヘクタールの植林計画が立てられ、実行に移されているが、一方で森林の伐採は、乾燥地についても湿地についても、いぜんとして高いペースでおこなわれている。

現在、二つの原生林を保護する運動が積極的に進められている。世界遺産に指定された百十平方キロメートルにわたるシンハラジャ原生林と、二千五百メートルの高地にあって二百七十平方キロメートルの規模をもつナックルズ山系の原生林とである。これらの二つの原生林のほかに、スリランカには数多くの自然公園が、ゆたかな森林と数多い野生動物をもって国際的にも知られている。

現在、スリランカ政府が積極的に推し進めている農業の多様化と森林の育成とが、その効果をもたらすようになるのはこれから長い年月を必要とするであろう。しかし、かつて世界最高の技術水準を誇り、自治主義の原則にしたがって管理されていたスリランカの水利文明がふたたびその花を開くときがくるのは確実だといってよいであろう。

初出：『世界』一九九四年十二月号、岩波書店

第19章

人間的な都市を求めて

――ルーヴァン大学の挑戦

いま、ヨーロッパの都市はかつてない規模の変革を遂げつつある。それは、EU（European Union）を軸として起こりつつあるヨーロッパの新しい動きを象徴するものであって、都市のルネッサンスと言われている。

第二次世界大戦後から一九六〇年代の終わりにかけてのアメリカ的な経済発展のプロセスは、自然、社会、文化の徹底的な破壊をもたらした。しかし、アメリカ的な経済発展のプロセスによって破壊された自然環境を再生し、失われた文化を復活させようという動きがヨーロッパのいたるところでみられるようになったのは、一九八〇年代の半ば頃からであった。そして、一九九〇年代に入って、EC（European Community）がEUとして、かつてのド・ゴール政策を否定して、調和のとれた政治的、経済的統合を目指して、発展的再構築をはかるようになるとともに、この動きは大きな怒濤《どとう》となって、たんにEU加盟諸国だけでなく、その周辺の国々にまで及ぶようになった。

ヨーロッパの都市のルネッサンスは、ジェーン・ジェイコブスがその名著『アメリカの大都市の死と生』のなかで展開した考え方を発展、具現化したものである。ここでは、ジェーン・ジェイコブスの考え方を振り返ってみるとともに、ベルギーの新しい大学町ルーヴァン・ラ・ヌーヴを例にとって、このヨーロッパにおける都市の新しい動きを垣間見ることにしたい。

以下の文章は、一九八五年、ラ・ヌーヴ・キャンパスの建設計画の責任者であるピエール・ラコンテ博士との対話をもとにして書いたものである。

二十世紀の都市

近代都市の理念は、十九世紀の終わり頃、エベニーザー・ハワードが提起した「田園都市」(Garden City)の考え方にはじまる。産業革命のあと、十八世紀から十九世紀にかけて、イギリスの各地には、新しい、近代的な工場が数多くつくられ、経済の規模は飛躍的に拡大した。しかし、ロンドンをはじめとして、イギリスの大都市における一般の人々の生活は貧しく、悲惨であった。

このとき、エベニーザー・ハワードはロンドンの郊外にまったく新しい住宅地をつくって、そこに貧しい人々を移した。新しい町は、ゆたかな自然にかこまれて、家々の間もゆとりがあったので、「田園都市」とよばれるようになった。ハワードの「田園都市」は、二十世紀に入って、新しい町づくりの考え方を象徴するものになった。ハワードの考え方はパトリック・ゲッデスによって受け継がれ、ひろい地域全体についての都市計画のかたちに発展していった。ゲッデスは、すべてを合理的に計算して、人々の住む環境をつくっていった。ハワードやゲッデスの考え方は、ル・コルビュジェによって「輝ける都市」(Radiant City) として、二十世紀の都市のあり方に大きな影響をおよぼすことになった。ル・コルビュジェの「輝ける都市」をもっとも的確にあらわしたのが、つぎのル・コルビュジェ自身の文章である。

「大公園を通って、輝ける都市に入ってゆくことにしよう。私たちの乗った自動車は、豪壮な超高層ビルの間につくられた高架の自動車専用道路を、スピードをあげて走り抜ける。二十四階の超高層ビルがつぎつぎとあらわれては、消えてゆく。町の中心には、行政の機能をはたす建物が左右にならび、その周辺には、美術館や大学の建物が散在している。

都市全体が公園そのものなのである」

ル・コルビュジェの都市は、自動車を中心として、ガラス、鉄筋コンクリートを大量に使った高層建築群によって象徴されている。ル・コルビュジェの「輝ける都市」は美しい幾何学的なデザインをもち、抽象絵画をみるような芸術性をもっている。しかし、生活を営む人間の存在が「輝ける都市」には欠如している。ル・コルビュジェの都市は、そこに住んで、生活を営む人々にとって、じつに住みにくく、また文化的にもまったく魅力のないものであった。

ル・コルビュジェの「輝ける都市」は、アメリカ、ヨーロッパ諸国、日本だけでなく、インド、アフリカの貧しい国々にまで普及していった。つよい日光をさえぎるものが何一つない砂漠のなかに、高層建築群がならび、広い自動車道路を、人々が荷物を背負って、とぼとぼと歩いている姿が、「輝ける都市」のイメージである。ル・コルビュジェの「輝ける都市」の考え方にもとづいてつくられた町は不完全ではあるが、日本にも数多くの例がみられる。もっとも代表的なのは、筑波の研究学園都市、大阪の千里ニュータウンである。

ジェーン・ジェイコブスの『アメリカの大都市の死と生』

ル・コルビュジェの「輝ける都市」に代表される近代的都市の考え方に対して、その問題点をするどく指摘して、新しい人間的な都市のあり方を私たちの前に示したのが、アメリカの生んだ偉大な都市学者ジェーン・ジェイコブスである。ジェイコブスが一九六一年に出した『アメリカの大都市の死と生』(*The Death and Life of Great American Cities*)は、都市計画の専門家だけでなく、一般知識人、学生の間に革命的といってよい衝撃を与えた。

ジェイコブスは、二十世紀はじめのアメリカには、魅力的な大都市が数多くあったが、それから半世紀経って、一九五〇年代の終わり頃には、このような魅力的な大都市がほとんど死んでしまったことを指摘する。ジェイコブスは、なぜアメリカの大都市の魅力が失われ、住みにくい、非人間的な都市となってしまったのかについて、アメリカ中の都市を回って歩いて、実際に調べて歩いた。

アメリカの大都市が死んでしまったのは、ル・コルビュジェの「輝ける都市」に代表される近代的都市の考え方にもとづいて、都市の再開発がおこなわれてきたからである。しかし、アメリカの都市のなかには、人間的な魅力をもった都市が数多く残っていることをジェイコブスは発見した。そして、住みやすく、人間的な魅力をそなえた都市すべてに共通した特徴を四つ取り出して、新しい都市をつくるさいの基本的な考え方として示した。ジェイコブスの四大原則とよばれている。

ジェイコブスの四大原則

ジェイコブスの四大原則の第一は、都市の街路は必ずせまくて、折れ曲がっていて、一つ一つのブロックが短くなければならないという考え方である。幅がひろく、まっすぐな街路を決してつくってはいけない。自動車の通行を中心とした、幾何学的な道路が縦横に張りめぐらされたル・コルビュジェの「輝ける都市」とまさに正反対の考え方をジェイコブスは主張したのである。

ジェイコブスの第二の原則は、都市の各地区には、古い建物ができるだけ多く、残っているのが望ましいという考え方である。町をつくっている建物が古くて、そのつくり方もさまざまな種類のものがたくさん混ざっている方が住みやすい町だというのである。レストランなどで、店を新しく改造すると、味が落ちたり、値段が高くなって、お客がこなくなってしまうことが多いことをジェイコブスは指摘する。「新しいアイデアは古い建物から生まれるが、新しい建物から新しいアイデアは生まれない」というのはジェイコブスの有名な言葉である。

第三の原則は、都市の多様性についてである。都市の各地区は必ず二つあるいはそれ以上の働きをするようになっていなければならない。商業地区、住宅地区、文教地区などのように各地区がそれぞれ一つの機能をはたすように区分けすることをゾーニングという。ル・コルビュジェはゾーニングを中心として都市計画を考えたが、ジェイコブスは、このゾーニングの考え方を真っ向から否定したわけである。ジェイコブスが、ゾーニングを否定したのはつぎのような根拠からであった。アメリカの都市で、ゾーニングをして一つの機能しかはたさない地区ができると、夜とか、週末には、まったく人通りがなくなってしまい、非常に危険となってしまう。ジェイコブスは、フィラデルフィア市の生まれであるが、ある年、殺人がすべて公園のなかで、夜おこなわれたということがあった。日本ではアメリカと違って、都市は一般にずっと安全であるが、ゾーニングの危険に変わりはない。

ジェイコブスの第四の原則は、都市の各地区の人口密度が充分高くなるように計画したほうが望ましいということである。人口密度が高いのは、住居をはじめとして、住んでみて魅力的な町だということをあらわすものだからである。

ジェイコブスの四原則は、これまでの都市の考え方を全面的に否定して、人間的な魅力をそなえた、住みやすく、文化的香りの高い都市をつくるために、有効な考え方であることは、『アメリカの大都市の死と生』が出てから四十年の間にはっきり示された。世界の多くの国々で、ジェイコブスの四大原則にしたがって、住みやすい、文化的香りの高い都市がつくられた。ルーヴァン・ラ・ヌーヴは、その代表的な例である。

ルーヴァン・ラ・ヌーヴの新しさ

ベルギーのブリュッセル市の近郊に、ルーヴァン大学の新しいキャンパスが一九七〇年代に建設された。ルーヴァン・ラ・ヌーヴである。

ルーヴァン大学はベルギー最大の大学であるだけでなく、ヨーロッパでも、もっとも歴史の古い、由緒正しい大学の一つである。一九六〇年代に、ベルギーがフランス語とフレミッシュ語とに二分されて主導権を争ったとき、ルーヴァン大学も、その紛争の一つの焦点となっていった。結局、ベルギーを地理的に二つに割って、フランス語地域とフレミッシュ語地域に分けたとき、ルーヴァン大学はフレミッシュ語地域に組み込まれた。ルーヴァン大学の教授と学生は大部分、フランス語系であった。かれらは、古いルーヴァン大学を去って、フランス語地域のベルギーの南部にルーヴァン・ラ・ヌーヴを建設することになったのである。

ルーヴァン・ラ・ヌーヴについて私たちが関心を抱いているのは、その建設理念が、一九六〇年代までの指導的な都市計画の考え方から百八十度転換して、新しい（ある意味では古いと言った方がよいかもしれない）理念にもとづいて計画がつくられ、実行に移されているからである。

一九六〇年代までの都市計画の専門家の理念は、日本で言えば筑波大学の例にみられるように、ひろい面積に、単一の営みのための機能をもったゾーンを設定して、物理的、土木工学的な観点から空間利用が計画されていた。それに対してルーヴァン・ラ・ヌーヴは、大学が市民的な営みのなかに混然として織り込まれ、相互に補完し合いながら、調和を保った都市形成の要因となっている。基本的には、ジェーン・ジェイコブスの古典的な名著『アメリカの大都市の死と生』のなかで展開された、新しい人間的な都市計画理念にもとづいていると言ってよい。ルーヴァン・ラ・ヌーヴの建設計画の責任者であるピエール・ラコンテ博士は、ジェーン・ジェイコブスの思想に共鳴した都市計画の専門家として世界的によく知られた建築家である。

ルーヴァン・ラ・ヌーヴがつくられた同じ頃、日本でもよく似た状況のもとで、筑波研究学園都市が建設された。ルーヴァン・ラ・ヌーヴと筑波大学は、当時ヨーロッパで新しく形成されつつあった都市計画の理念と、日本で支配的であった旧態依然とした陳腐化した都市計画のあり方との間の相違をきわめて象徴的にあらわすものであった。

筑波のキャンパスは、一九六〇年代に流行した街づくりの典型的な例である。フランスの都市計画者ル・コルビュジェは、空間に「モノファンクションの営み」を与えることを主張した。街路にそって住宅があり、店があり、すべてのものが所をえて存在する。それらをル・コルビュジェは人間的営みと呼んだ。彼は都市計画で「機能」を問題にした人で、とくにル・コルビュジェの考え方は産業界に影響を与え、建造物の産業化をもたらした。筑波の大きな特徴は、まち全体として「モノファンクションの営み」をもつ空間の連続だと言うことができる。また、都市は一般に、鉄道に非常に多額の投資をするが、筑波は自動車に依存して計画されている。

筑波では交通手段は自動車のみであり、非常に大量に自動車が使われている。これはエネルギー大量消費に大きく依存した都市計画である。人々は誰もが一つところから他の場所への移動に車を使わねばならない。学校の外で買い物をしたり、公園に行って休んだり、研究室や学校や何かの行事に参加しようとするならば、かなりの距離があり、車を使わねばならない。エネルギーの大量使用型である。

筑波は一九六〇年代に流行した「高密度の高層建築」の都市計画の好例である。建物はお互い離れて建てられており、交通の流れの中にあって、それぞれ孤立している。高層建築も自然や空き地の真ん中にあって孤立している。筑波にある住居は、建てる側にとっては機能的という利点があるが、欠点はすべての人が自動車道路の只中に置かれ、騒音に巻きこまれていることである。

車の騒音は、身体的、精神的にきわめて好ましくない影響を与える。ル・コルビュジェはかつて、パリのほとんどすべての建物をよそに移し、ひろい土地に高層建築の形で再生することを主張した。それは個性や緊密性の破壊である。筑波の都市計画における緊密性も同じである。筑波で細長い真っ直ぐな十七キロメートルにわたる公園をつくったのは、まさにその象徴である。

筑波と比較すると、ルーヴァン・ラ・ヌーヴは一九六八年に計画されたが、すでに、自動車と公的交通の均衡を考えてつくられた。ルーヴァン・ラ・ヌーヴでは真ん中に鉄道の駅が一つあり、人々はまちのすべての地点にそこから歩いてゆくことができる。高層建築をとりまいて自動車道路がめぐらされているのではなく、低い建物が伝統的な日本のまちや伝統的なヨーロッパのまちのように互いにくっついて建っている。建物は互いにくっついているが、高層建築物はない。エレベーター、空調設備の類いもなく、過剰なエネルギーの消費もない。

ル・コルビュジェの考えと違って、都市空間を単一の営みのために使うように計画されていない。学問のための場所とか、企業、あるいは買い物、住居のためという特定の場所がない。しかし、長期的な強靱《きょうじん》なバックボーンといった類いの計画はある。それは、ピエール・ラコンテが主張する「発生にしたがっての計画」の考え方である。計画はある道筋か、あるいは特定の方向に向けて発展し、マスター・プランに加えられていくが、初めから決定されたものではなく、「ノン・ゾーニング」の考え方である。

ルーヴァンでは古い日本のまちのように、非常に小さい区画に分けられている。大体の区画が二百平方メートルである。それぞれの区画について自由に活発に決定を下す人々がいる。たとえば大学の建物はどんなに大きくとも、二千ないし三千平方メートルを超さない。建築家は小さな敷地で才能を発揮することができる。集合住宅では、基本計画で高度が規制されていたが、じっさいには、近隣一般よりも高層の住宅は建てられていない。特定の建築基準にしたがわず、ただ小規模に留めるだけである。区画が小規模であるために一層よくなっている。

まちは非常に短期間に建設されたが、多様性に富んでいる。たくさんの小さな区画に、数多くの建築家や請負業者が入った。当然の結果として、多様な、変化に富んだ建物が建った。材料は日本とほとんど同じ材木、コンクリート、レンガ、その他の伝統的、近代的な材料を使うように設計されている。これは、かなり大切な要素となっている。

筑波は一九六〇年代の都市計画の考え方を忠実になぞり、一九七〇年代の考え方も取り入れた一種の変革である。しかし、ルーヴァン・ラ・ヌーヴはヨーロッパのまちの伝統にしたがって計画された、筑波とは対照的な原則にもとづいてできたものである。ゾーニングによらず、緊密性豊かである。交通手段は動力によらず、徒歩によって移動がおこなわれる。敷地の真ん中に鉄道の新しい駅がつくられたからである。外部との交通にはすべてこの鉄道が利用されている。

アカデミックな生活の孤立に対するチャレンジ

もともと、ルーヴァン大学は五百年の歴史をもつ古い大学である。日本研究部門でも、できてから六十年以上になり、ルーヴァン・ラ・ヌーヴには日本人の教授が十人もいる。新しい場所に移されたとき、政治的圧力によって市の中心から非常に遠いところに移ることになってしまった。しかし、ルーヴァン・ラ・ヌーヴは独自の理念にもとづいて小規模のプライベートな新しいまちをつくろうとした。自衛的意図をもつ大学を、市民や企業の努力によって私的に建設し、発展したものである。

ルーヴァン・ラ・ヌーヴは大学によってつくられた私的な新しいまちの一例で、大学とまちの生活の連帯のもとにつくられた。ルーヴァンからブリュッセルへ、ブリュッセルからルーヴァンへ両方の方向の通学、通勤がある。

ラ・ヌーヴはたんなる大学のまちではなく、大学を中心的な骨格とする新しいまちをつくろうとしたのである。ルーヴァン・ラ・ヌーヴにあるインダストリアル・パークには現在、大小取りまぜて二十五以上の企業がある。

アメリカでは、大学が都市から追い出され、大きな新しい郊外の学校をつくった。まちから孤立した学問の生活である。シカゴやハーヴァードは例外的なケースである。イギリスでも、一九六〇年代に出されたかの有名なロビンス報告書によると、イギリスでは新しい大学を十つくる必要があり、十の新しい大学すべてがまちから遠く離れたところに建てられた。市や国が所有している土地の、既に建物の建つ地域のはずれに建てられた「まちの生活から切り離された孤立した大学」である。

フランスでも同じだった。フランスでは文部省が二十七の大学を全部、まちの外につくった。文部省の、そのような考え方は一般的で、ルーヴァン大学も、まちから遠く離れた美しい空間にアメリカ風のキャンパスをつくろうというのが、文部当局の考えであった。が、大学が好まなかったのはまさにそのことであった。大学が望んだのは、もし、まちがあまり遠くないとすれば、孤立した場所にではなく、そこに新しい大学まちをつくったのである。

このことはルーヴァン大学にとってのチャレンジであった。ベルギーの文部省は、新しいまちの考えにはつよく反対した。しかし、大学は、まず土地を購入し、所有することからはじめた。土地を上手に管理して、それを基礎に新しい開発をした。文部当局が難色を示したことに対し、大学は新しいまちをつくることでそれに応えたのである。

新しくアカデミックな雰囲気をつくるために、まず第一にゾーニングをしないことを決め、しっかりしたバックボーンとなる街路を設けた。多くの人が集まり、一つの地点から別のところへと移動し、歩いて楽しい街路をつくった。街路は非常に生き生きしている。無数の店やレストランがあってお客が出入りしている。

さきに述べたように、ルーヴァン大学は五百年の歴史をもち、ベルギーで最も評判の高い大学である。新しい環境がつくられたわけであるが、教授たちの多くはルーヴァン・ラ・ヌーヴの外に住み、ルーヴァン・ラ・ヌーヴには大学に関係のない人々が住んでいる。教授たちはアカデミックな地域に住むことは好まず、自分で好きなところに住むことを望んだ。夜も同じ人々と顔を合わせないで済むからである。同時に、大学生活に興味があって、音楽会、演劇、講演、図書館などを楽しみ、知的生活に参加したい人々も大勢いる。

読書する時間にも恵まれ、文化的生活をしたいと思う老人とかにとっては、ルーヴァン・ラ・ヌーヴには非常に高い密度の文化的生活がある。たとえばパリで一番評判の高い都市劇団は「太陽劇団」であるが、ベルギーにくるときは、いつもルーヴァンに二、三週間は滞在し、この劇団の公演を見たいと思う人は、ブリュッセルではなく、ルーヴァン・ラ・ヌーヴにくる。活発な文化的生活がルーヴァン・ラ・ヌーヴにはある。

人口は、昼間が一万五千人、夜が一万二千人である。多くの人々は昼間来て夜は帰ってしまう。ブリュッセルにゆく人々は車はルーヴァンに置いていく。ルーヴァン大学の教授たちは、住まいを引っ越す必要はなかった。

ルーヴァンの中心である街路は、カリフォルニア大学バークレーのテレグラフ通りと多くの点で共通点をもっているが、バークレーでは大学だけが考慮されているのに対して、ルーヴァンは大学の機能と市としての営みがあらゆるところで混在している。ルーヴァンのサイエンティフィック・パークは日本の企業にとっても魅力的である。首都に非常に近いということで便利だし、ヨーロッパでは、そこだけに会社用の土地が設けられている。

ルーヴァンはまちの生活から、アカデミックな生活が孤立するのに対するチャレンジで、大学は、大学まちの伝統を再現しようとした。孤立を避けてまちをつくろうという大学の意志がみごとに実ったのである。

参考文献：宇沢弘文『現代経済学への反省　対談集』岩波書店

第20章

緑地という都市環境をどう創るか

二〇〇一年一月、岩波書店から刊行された石川幹子さんの『都市と緑地——新しい都市環境の創造に向けて』は、二十一世紀の夜明けを象徴する書物である。美しく、ゆたかで、文化的環境の基礎となる、都市における緑地について、その創出と持続的維持という課題を取り上げる。緑地を社会的共通資本として理解することの重要性を、十九世紀中葉以降の近代都市形成のプロセスを通じて明らかにすることを目標として、新しい世紀における文明の担い手としての都市のあり方について、創造的、かつ説得的に論じた書物である。

私は石川幹子さんの『都市と緑地』を読んで、いまから四十年前、一九六〇年代初め、出版されたばかりの二冊の書物、レーチェル・カーソンの『沈黙の春』(Rachel Carson,

Silent Spring）とジェーン・ジェイコブスの『アメリカの大都市の死と生』（Jane Jacobs, *The Death and Life of Great American Cities*）を読んだときと同じような感動と知的な衝動を覚えた。

レーチェル・カーソンの『沈黙の春』は、ＤＤＴがもたらしたすさまじい自然破壊をみごとに描き出し、人間がつくり出した化学物質の危険性を世に訴えた書物である。ＤＤＴは、一八七四年、ドイツの化学者によってはじめて合成されたものであるが、一九三九年、スイスの化学者パウル・ミュラーが、強力な殺虫効果があることを発見した。それからわずか数年の間に全世界でひろく使われ、昆虫伝播疾病の撲滅、また農薬として絶大な威力を発揮した。しかし、ＤＤＴは、昆虫や小鳥を絶滅するだけでなく、人間自身をも絶滅しかねない化学物質であることを、レーチェル・カーソンは海洋生物学者としてくわしく記し、警鐘をならした。当時、マッカーシズムの時代的風潮の中で、アメリカの農務省、製薬・化学産業はこぞって、レーチェル・カーソンの批判、誹謗《ひぼう》に終始したが、圧倒的に多数の人々の共感を得て、世界的な公害反対運動の大きな潮流をつくり出すことになったのである。

ジェーン・ジェイコブスの『アメリカの大都市の死と生』は、ル・コルビュジェの「輝ける都市」に代表される近代的都市の考え方に対して、その問題点をするどく指摘して、新しい、人間的な都市のあり方を私たちの前に示し、都市計画の専門家の間に、革命的といってよい衝撃を与えた。ジェイコブスは、二十世紀はじめのアメリカには、魅力的な大都市が数多くあったが、それから半世紀経って、一九五〇年代の終わり頃には、このような魅力的な大都市がほとんど死んでしまったことを指摘する。ジェイコブスは、なぜ、アメリカの大都市の魅力が失われ、住みにくい、非人間的な都市となってしまったのかについて、アメリカ中の都市を回って歩いて、実際に調べた。そして、どのようにすればアメリカの大都市の生を取り戻すことができるかを明らかにしたのである。

この二つの書物は、二十世紀を通じて、急速なペースで起こった工業化と都市化がひきおこした自然と都市の破壊、それによってもたらされた人間と社会の破壊について、するどい観察と透徹した分析を展開したもので、若い世代の人々の心を深くとらえ、二十世紀の後半もっとも大きな思想的、社会的、そして政治的影響を与えた書物である。

いま、二十一世紀に入って、私たちが直面するもっとも深刻な問題は、二十世紀を通じて破壊されてきた自然と都市を如何にして再生し、人間と社会の正気を取り戻すかということである。この危機的状況にあって、石川幹子さんの『都市と緑地』は、かつてレーチェル・カーソンの『沈黙の春』、ジェーン・ジェイコブスの『アメリカの大都市の死と生』と同じような思想的、文化的、社会的、そして経済的な役割を果たし、二十一世紀における私たちの生き方に決定的な影響を与えるに違いない。

社会的共通資本としての公園緑地

公園の思想はもともと、十八世紀末、ドイツの生んだ偉大な文学者ヨハン・ウォルフガング・フォン・ゲーテが提唱した考え方である。ワイマール公国の宰相をしていたゲーテが、それまで国王や貴族によって私有化、専有され、排他的に使われていた美しい庭園、すぐれた文化的、学術的、芸術的施設を、ひろく一般市民に開放して、自由に利用できるようにしたのが、公園という制度の始まりである。

このような美しい庭園、すぐれた文化的、学術的、芸術的施設を社会的共通資本として、社会にとって共通の財産として管理・運営し、その果実をすべての市民が斉《ひと》しく享受することができるようにしたのが公園の制度であるわけである。このゲーテの提案は、当時、絶対君主制を象徴するプロイセンのフリードリッヒ大王が、庭園をはじめとして、文化的、学術的、芸術的施設だけでなく、学者や芸術家たち自身まで私有して、排他的に利用していたのとまさに対照的であった。

これより先、イギリスではすでに、十七世紀、チャールズ一世の時代に、それまで王家の狩猟地として専有されていたハイドパークが市民に開放されていたし、十八世紀末の半ば頃には、バッキンガム宮殿に隣接するグリーン・パーク、セントジェームズ・パークも一般市民が自由に使えるようになっていた。

イギリス、ドイツに始まった社会的共通資本としての公園の制度はやがて、世界各国に普及し、公園緑地の質と量が一国の文化水準の高さをはかる重要な指標とまでなったのである。

文明の担い手としての都市のあり方

『都市と緑地——新しい都市環境の創造に向けて』において、石川幹子さんは、はしがきに記された著者自身の簡潔な文章からも読みとれるように、新しい世紀における文明の担い手としての都市のあり方について、創造的、かつ説得的に論じる。

「本書は、美しく、ゆたかで、文化的環境の基礎となる、都市における緑地の創出と持続的維持という課題について、緑地を社会的共通資本として理解する新たな枠組みの重要性を、一九世紀中葉以降の近代都市形成のプロセスを通して明らかにすることを目標としている」

「二〇世紀は、都市の急速な拡大の時代であった。夥しい自然が破壊され、巨大な都市圏が世界各地に出現した。緑地の喪失への圧力は、凄まじく、敢然としてこれに立ち向かった人々の戦いは、少なからず挫折を遂げた。それ故に、近年におけるこの研究分野は、その重要さに比して、失われた環境への後追い的対応、もしくは部分としての緑地の配置論、機能論の域を脱することができなかったのは否めない事実である」

「しかしながら、世界の都市には、それぞれに背景としての山野、誇りとする珠玉の緑地が点在している。都市に存在する緑地は偶然に存在するものではない。しかも、この存在は、改変の荒波に常に脅かされている。緑地が持続的に維持、継承されていくためには、それを支える社会の強い意志と原理、原則が必要である」

同書は、このような問題意識をもって、激動の二十世紀を辛うじて生き残ってきた貴重な都市の緑地の代表的なものを取り上げて、それらの緑地を確保することがどのようにして実現したかを、理念、計画、政策、人間的なつながりなどの面を通じて明らかにしようとする。この問題意識は、すべての人々の心の奥深く存在しながら、その本格的な研究は、これまでなされてこなかった。石川さんは、二十数年の長い年月を費やして、数多くの都市について詳細な分析をおこなってきたが、本書では、その夥しい事例のなかから、近代都市の形成過程で、重要な起点となったいくつかの事例を選んで、時間軸に沿って、都市における緑地の問題にかんする体系的な分析を展開する。その基本的な視点は、つぎの三つの主題にまとめられている。

第一は、都市の進化的展開のプロセスにおいて、緑地がどのようにして、永続的に維持されてきたかについてである。すなわち、都市の歴史的変化のプロセスで、緑地が永続的に確保されてきたのは、どのような形で社会的コンセンサスが形成され、現実の制度的な展開になったのであろうかという問題である。第二は、二十世紀を通じて、都市空間の絶え間ない拡大の圧力のもとで、一度は、ほぼ完全なまでに駆逐されてしまった緑地が、どのような過程を経て、都市計画のプライマリーな要素として蘇ってきたのであろうかについてである。第三には、自動車の普及によってもたらされた、非人間的、非文明的な巨大都市圏において、緑地中心の思想がどのようにして、その種が蒔《ま》かれ、その生育のために、どのような試行錯誤の努力がつづけられてきたかについて、深い省察とするどい洞察にみちた分析が展開される。

『都市と緑地』の序章「近代都市の形成と緑地」では、近代都市の形成と緑地について鳥瞰《ちょうかん》的な解説がなされる。歴史的にみて、都市構造が大きな変革を遂げるのは、十九世紀半ば頃からである。産業革命を契機として急速に進展した資本の蓄積が、都市への産業の集中をもたらし、都市人口が急激に増加した時期である。この時期、世界の多くの都市では、封建都市から近代都市への脱皮をめざして、都市の空間的、機能的な改造がおこなわれたが、その流れのなかで、緑地確保はどのような考え方にもとづいておこなわれたのか。この点について、石川さんは、つぎの三つに分けて考える。

第一は、封建都市の空間的構造には、あまり大きな改変をおこなわないで、前時代の緑地のストックを近代都市における緑地に転化させたものである。ヨーロッパにおける王侯貴族の庭園や狩猟地の開放、コモンズの保全、城壁跡地のブールヴァール（環状道路）への改造などである。日本の場合、社寺仏閣の境内地、城趾を公園とした。

第二は、封建都市の歴史的蓄積をもたないアメリカ新大陸で顕著にみられたように、市街地の建設とならんで緑地の保全・整備が併行しておこなわれるという、新しい都市概念が生み出されたものである。ふつう「パークシステム」（Parks, Parkways, and Boulevards Systemの略称）とよばれる。森林、草原、そしてできれば渓流を中心とした公園と、ゆたかな街路樹とゆったりした歩道をもったブールヴァールとを一つのシステムと考えて、緑地を中軸に据えて都市基盤を整備する。

第三は、既存の都市の改造ではなく、郊外に都市と田園とが共存する理想都市を新しく建設しようとしたものである。イギリスで、エベニーザー・ハワードによって提唱された「田園都市」の理念である。

二十一世紀の夜明けを象徴する書物

同書の第一章「近代公園の誕生」では、世界の大都市が、近代都市へと脱皮する過程で、社会的共通資本としての公園緑地が、都市計画の中核的な構成要因として形成されていった歴史的事情を、最も初期につくられたロンドンの公園とコモンズ、抜本的な都市改造の重要な構成要素として整備されたパリの公園、市民のイニシアチブによって民主主義的なプロセスを経て創り出されたニューヨークの公園を例にとって、くわしく分析される。

第二章「パークシステムの展開」では、パークシステムの考え方が拡大する都市を整序化する手法として展開されていった過程を分析する。パークシステムの考え方はもともと、ニューヨークのブルックリンの都市改造のプロセスで芽生えたものであるが、その後、一八七一年のシカゴの大火の後の復興計画で、パークシステムを基軸においた防災都市の理念が生み出された。ボストンでは、チャールズ河の改修事業と連携した形で、水と緑を軸として新しい都市づくりが行われ、ミネアポリスでは、美しい湖とゆたかな森林の保全を基礎に据えた都市計画が策定された。また、新興都市であったミズーリ州カンザスシティでは、パークシステムを軸とした市街地整備が計画的におこなわれた。

第三章の主題は「総合計画としての都市計画へ」である。十九世紀の半ば頃から十九世紀末にかけて育まれていったパークシステムの思想は、二十世紀に入って、拡大する大都市圏が直面する社会的、文化的、経済的課題に対して最も有効にこたえることのできる事業手法を提供することになった。第三章では、この間の事情を、ボストン市の広域パークシステムの成立過程の分析を通じて明らかにする。また、この、パークシステムの思想と事業手法は、十九世紀末に起こった都市美運動と共鳴して、首都ワシントンの既存市街地の更新にさいして、新しい都市計画の領域が形成されていった過程をくわしく分析する。

第五章「日本の都市計画と公園緑地」では、明治初期から第二次世界大戦後までの日本における都市の緑地の形成について、都市計画の観点から考察する。封建都市の緑地が、近代化の過程で、どのような変遷を経たかをくわしく分析して、肥大化、拡大化という二十世紀の普遍的課題に対して、日本の都市計画がどのように対応してきたか、極めて示唆に富んだ考察が展開される。

日本では、古来、花鳥風月、雪月花を愛《め》で、四季を楽しむことが生活の基本とされてきた。明治になってから、この伝統を維持しながら、欧米に比肩する都市づくりを目指した政府は、一八七三年、太政官布達を発布して、社寺境内地を中心とする公園制度の普及をはかった。この、近代化の象徴としての公園整備は徐々にではあるが、全国的な拡がりをもつことになった。しかし、大正期に入るとともに、急速な工業化の進展と都市化が進み、公衆衛生、都市環境の面で深刻な都市問題が発生してきた。そこで、政府は、内務省のなかに都市計画課を設けて、都市の管理を国家的、官僚的な観点からおこなうこととした。一九一九年に公布された都市計画法は、その後何度か改正されたが、その官僚主導型の考え方は現在にいたるまで日本の都市のあり方を規定することになった。皮肉なことに、戦前、戦中を通じて、田園都市思想の影響をつよく受けて、緑地を核心においた都市計画が策定されたが、戦後の復興の過程で、この考え方はほとんど完全に消滅してしまった。かわって、緑地を壊し、人間的な街路をつぶして、自動車優先に徹した道路の建設、拡幅が、全国的におこなわれた。しかし、その流れのなかに、ごく限定されてはいるが、緑地を中心とした人間的な町並みが残っていることを石川幹子さんは強調する。

第六章「社会的共通資本としての緑地」では、十九世紀に始まった近代都市における緑地についての思想的な流れが、社会的共通資本としての緑地という考え方に集約されて、二十一世紀において、人間的な都市を持続的に保全するための基本的視点を提示するものとなっていることを、説得的に展開する。

いま、日本の都市は危機的状況にある。それは、戦後五十年間を通じて、ただひたすら自動車を極端に優先して、人間的、社会的、文化的営みを破壊しつづけてきたからである。

石川幹子さんは、日本の都市が、この危機的状況を超えて、新しい地平を切りひらくためにもっとも重要な戦略的概念として、都市における緑地の整備、拡大を主張して、政策的、実践的活動を全国的なレベルで積極的に展開してきた。この石川幹子さんの活動を原動力として、日本の都市のルネッサンスが一つの大きな潮流となりつつある。この潮流について、歴史的、思想的、政策的、実践的な観点から包括的、かつ説得的に論じたのが、石川幹子さんの『都市と緑地——新しい都市環境の創造に向けて』である。

【参考文献】

宇沢弘文『現代経済学への反省　対談集』岩波書店、一九八七年五月

――『地球温暖化を考える』岩波新書、一九九五年八月

――『日本の教育を考える』岩波新書、一九九八年七月

――『ゆたかな国をつくる』岩波書店、一九九九年三月

――『社会的共通資本』岩波新書、二〇〇〇年一一月

――『ヴェブレン』岩波書店、二〇〇〇年一一月

法政大学人間環境学部「進学学生へのパンフレット」

シンクネット・センター21「研究レポート」

『教室の窓』東京書籍

『世界』『文学』『科学』『環境と公害』岩波書店

『カント全集』「月報」岩波書店

『朝日ジャーナル』朝日新聞社

『論争東洋経済』東洋経済新報社

本書は『経済学と人間の心』（東洋経済新報社、初版２００３年、第４刷２０１２年）を底本とした。

著者紹介

東京大学名誉教授，日本学士院会員．

1928年生まれ．東京大学理学部数学科卒業，同大学院に進み，特別研究生．1956年スタンフォード大学に移り，同大学経済学部助教授，カリフォルニア大学助教授を経て，シカゴ大学教授．1969年東京大学経済学部教授．その後，新潟大学教授，中央大学教授．2003年４月～2009年３月同志社大学社会的共通資本研究センター長．

1997年文化勲章受章．世界計量経済学会会長を務めた．成田空港問題にかかわり，都市問題，地球温暖化問題に取り組み，社会的共通資本の考え方の普及に力を注いだ．2014年逝去．

著書『自動車の社会的費用』（岩波新書）が1970年代のクルマ社会に衝撃を与えた．そのほか『近代経済学の再検討』『近代経済学の転換』『「成田」とは何か』『二十世紀を超えて』『好きになる数学入門』『地球温暖化を考える』『日本の教育を考える』『ゆたかな国をつくる』『社会的共通資本』『ヴェブレン』（いずれも岩波書店）など著書多数.

経済学は人びとを幸福にできるか

2013年11月７日　第１刷発行
2014年12月10日　第６刷発行

著　者　宇沢弘文《うざわひろふみ》
発行者　山縣裕一郎
〒103-8345
発行所　東京都中央区日本橋本石町１-２-１　東洋経済新報社
電話　東洋経済コールセンター03(5605)7021
印刷・製本　東港出版印刷

Printed in Japan　ISBN 978-4-492-31442-5　http://toyokeizai.net/